Reseñas en Inglés

"Provocative, disturbing group of novellas that humanize international problems of violence and the plight of refugees."
—*Kirkus Reviews*

"She has an exquisite ear for dialogue that resonates in the present and whilst Saja, Yonna and Taraji each have their own unique stories, fate has set them on a common path, their thoughts proving timely revelations that will leave many readers reflecting deeply on our universal need for belonging, peace and happiness."

—*Book Viral*

"The author uses rich descriptions and authentic terminology to make each woman's world real for the reader. A Better World will appeal to readers who enjoy books that highlights the strengths of women or who like to root for the down-and-out."
—*IndieReader*

"A Better World is a great read for anyone looking for a story featuring women beating the odds."
—*Readers' Favorite*

BELANGELA G. TARAZONA

Del Mismo Autor

El Niño del Alba
Cita en el Confesionario y otras Calamidades
Lo Que Nadie Sabía Acerca del Difunto
Presunta Indecente: La Historia de Maruja Colina
Verdades de la Ilusión Volumen 1

Todos los títulos también están disponibles en Inglés

en Danés
Daggryets Barn

Derechos de Autor

Esta novela es una obra de ficción. Todos los nombres, personajes, lugares, empresas e incidentes son producto de la imaginación del autor o son usados en forma ficticia y no deben ser percibidos de ninguna manera como reales. Cualquier semejanza con eventos reales, organizaciones, personas vivas o fallecidas son pura coincidencia.

La presente obra no ha sido patrocinada, por las marcas registradas que se mencionan en ella. Cualquier marca registrada que se cita en esta obra, fue usada únicamente como soporte a la descripción.

Diseño de portada: Norcki, portador de los derechos de autor: Belangela G. Tarazona

ISBN 978-87-997379-6-3

A mis hijos en el cielo y en la tierra.

Agradecimientos

Preben, gracias por tu cariñoso apoyo y por creer en este libro. Te estaré eternamente agradecida por las incontables ocasiones que te hiciste cargo de Noah y así permitirme escribir esta historia.

También me gustaría reconocer las valiosas notas y sugerencias de los lectores beta.

Cate Hogan, tu experiencia ha sido fundamental en la orientación de esta novela. Gracias por las evaluaciones de la trama, comentarios y puntos de vista. Mi escritura no hubiese podido haber llegado tan lejos sin tu ayuda. Por esa razón, siempre te estaré en deuda.

Contenido

Saja

Capítulo 1

(2010)

ME PARÉ A un lado de la fila a observar a los que estaban a punto caminar sobre las brazas. La ansiedad me pesaba en el estómago como si me hubiese tragado un coco entero.

El olor a incienso llenaba el aire. Los gritos de los que ya habían atravesado la columna de humo, el retumbo de las tamboras que los *melakaar*[1] golpeaban con ritmo extático y el silbido de las flautas no me relajaban en absoluto, al contrario.

Esperábamos el turno para caminar sobre el fuego. La máxima expresión de la purificación espiritual.

Me hubiese encantado saltarme el ritual, pero mi presencia aquí era no solamente para poner a prueba mi fe, sino para hablar con el oráculo. Necesitaba respuestas.

Una mujer con una niña en brazos miró al cielo, y entre murmullos, recorrió de puntillas el sendero de ascuas mientras la estrechaba contra su pecho.

—¡No puede ser que se esté riendo! —comenté incrédula al verla mostrar la hilera de dientes blancos. Debe haber sido una mueca para disimular el dolor. Al llegar a los peldaños, la mujer echó una mirada breve hacia atrás, se observó los pies y sonrió satisfecha perdiéndose en la multitud que se apiñaba camino al templo.

A la mujer le siguió un hombre encorvado. Sus cabellos plateados

1 Glosario de términos extranjeros

contrastaban con la piel renegrida por el sol. Sus dedos deformes por la artritis apretaban con fuerza la empuñadura de una vara de caña que usaba como bastón. El borde del *sarong* lamía las brasas al pasar y creí por un segundo que el fuego iba a devorarle el pedazo de tela que le envolvía el torso. A pesar de sus pasos cansados, llegó ileso al otro lado.

Delante de mí estaba un mozo alto y robusto, con el cabello brillante por el aceite de coco. El *sarong* le llegaba hasta las pantorrillas. Se paró frente a la manta de carbones al rojo vivo, los tocó brevemente con un ramillete de hojas que llevaba en la mano y luego se lo llevó a la frente, emulando el movimiento de un abanico. Desapareció entre la humareda y segundos después lo vi reaparecer al pie de la escalinata.

No necesité arremangarme los ruedos cuando llegó mi turno, ya que los pantalones del *shalwar kameez* apenas me cubrían los tobillos. Di el primer paso hacia el sendero que ardía. Motas de nubes en tonos lavanda cubrían el sol y noté que ni los cuervos volaban por estos cielos, apresuré las pisadas para no chamuscarme la piel, pero la humareda me hizo toser.

Me invadió una sensación de alivió cuando llegué a los peldaños. Miré hacia adentro en busca de Nalini y Shyamati, dos ángeles que desde hacía mucho tiempo yo había dejado de ver como amigas. Después de tantos años compartiendo dichas e infortunios, ellas se convirtieron en mi sangre, mis hermanas y hoy estaban allí haciéndome señas al lado de una columna dorada.

—¿Te dolió? —preguntaron cuando me acerqué.

Negué con la cabeza, —es como caminar sobre los caracoles a medio día, cuando el sol brilla en el cielo como una yema de huevo sobre el mar en Nilaveli—, dije a gritos, porque el sonido de los tambores y el bullicio de afuera acallaba nuestras voces.

—Vamos a ver el oráculo. —invitó Shyamati entregándome la bolsa que ofreció cuidarme antes de ponerme en la fila.

Saqué la planta que llevaba en la bolsa, cuidando de no arruinar las raíces que trepaban discretas por los bordes de la maceta, mientras nos adentramos en busca del oráculo.

Llegamos a un salón abarrotado, donde a excepción de los sirvientes, todo el mundo estaba sentado en el suelo. El aire estaba cargado de aroma de jazmines e incienso. Nos acomodamos en silencio como pudimos y esperamos nuestro turno.

ESTABA CONSCIENTE DE que, a lo mejor, no podría hablarle al oráculo, ya que en junio del año pasado, poco tiempo después de que Thani desapareció en la furgoneta blanca, vine con un par de *Chandbalis* de oro 22 quilates con rubíes y diamantes incrustados. Eran el regalo de bodas de mi *amma*, vestigios de mi pasado extravagante. Estuve dispuesta a darlos como ofrenda, pero el oráculo no tuvo tiempo de verme, eso me decía que no se trataba de dinero.

«Pensar que una vez lo tuve todo...»

Esta vez traje cinco guayabas, un ramo de jazmín, la bandeja de plata que nos regalaron cuando Thani y yo nos casamos y la orquídea que empecé a cultivar hace tres años en memoria de mi *amma*.

Thani tenía que volver, porque nos quedaban muchos planes pendientes, muchos besos pendientes. El resto de nuestras vidas quedó suspendida, sin terminar. Thani tenía que volver para llenar nuestro hogar con la alegría que solamente proviene de los niños. Nos prometimos llevar una *Pooja* al árbol de frangipani en Swami Rock para propiciar mi fertilidad.

Thani y yo teníamos que encontrarnos una vez más para así entregarle todos los regalos que he ido atesorando y que son prueba inequívoca de que nunca lo olvidé.

Me debatía entre la dualidad de los hechos y lo que mi corazón quería hacerme ver, ya que había poquísimos indicios de que Thani estaba vivo. Especialmente después de leer la carta que recibí del Departamento de Investigación Criminal, DIC.

En tiempos donde nadie hubiese puesto los pies voluntariamente en la cede del DIC, yo me presenté sola, con una foto de Thani a que me dieran noticias del paradero de mi esposo. Los funcionarios me mandaron a casa con las manos vacías, pero se aseguraron de enviarme una carta días después, en la cual negaban la existencia de detenidos procedentes de la universidad. Yo, sin embargo, me empeñaba en creer que él estaba arrestado en alguna parte y algún día me dejarían verlo. Algún día le tomaría las manos y le diría que estaba dispuesta a esperar por él lo que fuese necesario.

—Saja, creo que el oráculo quiere verte. —susurró Nalini.

—¿A mí? —le pregunté incrédula.

—Sí, el sirviente tiene rato haciendo señas. —agregó Shyamati.

Miré hacia el oráculo y uno de los hombres que estaba de pie, hizo un movimiento breve con la mano indicando que me acercase. Metí con cuidado la orquídea en la bolsa y me levanté despacio. Caminé entre la masa de fieles que estaba sentada en el piso y como pude llegué hasta el fondo del salón. El hombre extendió la mano para que le entregara lo que llevaba en la bolsa, le echó una mirada, metió la mano y agarró la planta por las hojas que se extendían como lengüetas a cada lado del tallo.

El sirviente sonrió al ver la mueca de horror que hice al presenciar el trato que le daba a las flores.

—Cuidado —susurré en voz baja.

—¿Tú la cultivaste?

—Sí, sí. —Le dije mientras ponía la mano debajo de la maceta para que las raíces no quedaran al descubierto.

—¿Cómo se llama? —preguntó el sirviente mirándome de reojo, mientras acariciaba los pétalos amarillos, moteados de manchas rojas. Sus ojos incrédulos.

—Orquídea Araña, son para él, —hice un ademán con la cabeza en dirección al oráculo.

—Mi esposa dice que esa planta requiere mucha paciencia. Casi nunca florece… —confesó el sirviente.

—La riego cada dos días, sin dejar que el agua se acumule en el fondo, también cuido de que el agua solamente caiga en la base del tallo. Es una flor de humedad y de sombra. —le dije sin intención de sonar didáctica.

El hombre me miró un par de segundos y sonrió.

—Puedes hablarle al oráculo. —dijo haciéndose a un lado para que me sentara en el suelo.

Capítulo

2

ME SENTÉ AL lado del oráculo como el sirviente me indicó, y el clarividente habló en sánscrito, la lengua de mis padres. El hombre se mecía y miraba hacia el techo. EL hombre me hizo beber agua de coco de su propia mano. Junté las palmas en oración ignorando las gotas que me rodaban por la línea del mentón y que iban a parar sobre mi pecho.

—¿Qué quieres saber? —me preguntó bajando la cabeza para que le susurrara la pregunta al oído.

—Es Thani, mi esposo. Lo detuvieron en la universidad. —dije con la garganta seca, a pesar del agua de coco que acababa de tomar— El rector me dijo que los militares le aseguraron que los traerían a todos de vuelta una vez que hicieran el interrogatorio. Desde entonces, nadie ha visto a uno solo de los detenidos. Fui en busca de mi esposo y los militares me mandaron al DIC. Allí fui con una foto de Thani, pero de allí salí con las manos vacías y a los pocos días, recibí una carta donde negaban la existencia de detenidos provenientes de la universidad.

El oráculo asintió y luego preguntó —¿En qué fecha nació tu esposo?

—El 30 de abril de 1978, —dije bajando la cabeza.

—¿Tienes una foto suya?

—Sí, —le dije sacando la misma foto que le había enseñado a los policías.

Se la entregué y el oráculo la vio por una fracción de segundo, luego apartó la vista como si un reflector de estadio lo había encandilado. Los sirvientes del oráculo se movían sin cesar entre los presentes.

El agorero respiró profundo, cerró los ojos y sacudió la cabeza. De repente, el único sonido que registré fue el tintineo de las pulseras que le adornaban los brazos. Abrió los ojos y se quedó mirando en blanco, busqué la mirada del adivinador pero sus ojos estaban clavados en alguna parte alrededor de mi cuello.

Un soplo frío me llenó el estómago y el corazón empezó a latirme con fuerza.

El oráculo le hizo seña al sirviente para que se agachara, ya que iba a decirle algo al oído. El hombre asintió un par de veces, me miró brevemente y siguió asintiendo. Luego el clarividente hizo una señal con la mano y dejó que el sirviente me hablara.

—Ve a las piras y haz los ritos. Usa aceite, miel y madera de sándalo y ricas telas: anaranjadas y blancas. Cúbrelo todo con pasto seco y quémalo hasta que se convierta en cenizas. Ya es hora de que tu esposo descanse en paz. —ordenó el sirviente.

Me tapé la cara con las manos y sentí ventosas apretándome la cabeza, un velo negro me cubrió la visión, y tuve la impresión de ver chispas plateadas. El corazón me palpitaba enloquecido y del dolor pensé que me iba a caer muerta allí mismo.

No lloré porque ya no tenía lágrimas. Las derramé todas cuando me enteré de que lo arrestaron, cuando fui a la policía, cuando encendía inciensos en el templo y cuando forré cada regalo que iba a entregarle a mi esposo el día que nos reencontráramos. Lloré cada noche hasta quedarme dormida y lloré cada mañana al abrir los ojos y confirmar su ausencia. Lloré de arrepentimiento, porque nunca lloré por mi *amma* ni mi *appa* como lloré por Thani.

En realidad, el recuerdo de Thani nunca me abandonó. Mi esposo se personificaba en los sueños rodeado de niños que eran nuestros hijos.

—¿Qué pasó? —pregunté sin reconocer el gemido ronco de mi propia voz.

—De tu esposo no queda rastro, ni olor, ni huella, ni latido. Ni siquiera cenizas. —intervino el oráculo mientras se mecía impaciente. —No lo busques, él yace junto con otros. Él no murió solo. —remató mordiéndose el puño.

El ayudante me tendió la mano para que me apoyara al levantarme, pero las piernas se negaban a sostenerme. El desconsuelo me mantuvo de rodillas, vencida. Junté las palmas en oración y se me escapó un chillido como el graznido de un cuervo y escuché murmullos entre los que esperaban. Hice la reverencia al oráculo y finalmente me puse de pie.

El sirviente me siguió hasta donde Nalini y Shyamati estaban sentadas. Al reunirme con mis amigas, el hombre se quedó mirándome el mentón. Instintivamente me llevé la mano al pecho y al sentir el *thaali* que era como parte de mi piel, comprendí lo que el agorero quiso decirme.

Ya no debería estar usando el collar nupcial de esmeraldas y rubíes que Thani me puso alrededor del cuello el día que nos casamos y que una solamente se quita el día en que se convierte en viuda.

Capítulo

3

RECUERDO, COMO SI fuese ayer, que después de la primera embestida, el mar retrocedió, lo que atrajo turistas y locales por igual a ver el espectáculo de corales desnudos y peces rebotando sobre la arena, atolondrados por la repentina falta de agua. Mientras el grupo de curiosos se adentraba a lo que minutos antes estaba sumergido, algo me decía que ignorara el prodigio y corriera hacia el templo.

Poco después, la segunda ola arremetió con la fuerza salvaje de una estampida. Un río de *jaggery* derretido se había vertido sobre nosotros, arrasando casas, destruyendo sueños.

Me agarré de algo, pero ¿cómo saberlo?

El flujo de agua y escombros que venía de la costa me arrastró, y cuando pensé que todo estaba perdido, por la cantidad de agua arenosa que tragué, me quedé atrapada entre las ramas de un árbol.

De repente, la marea de ruinas que hasta hace poco me empellaba tierra adentro empezó su retirada. Ahora el mar reclamaba sus propios vómitos atrayéndolos hacia sus entrañas con la fuerza de un gigantesco imán.

No sé cuánto tiempo me quedé entre las ramas, ni tengo idea de cómo me bajé del árbol. Me fui abriendo paso, caminando entre cadáveres, destrozos y lo que antes fueron calles. Llegué al templo y Thani estaba allí, tan mudo de terror como yo.

Al verme, mi esposo se apresuró a envolverme el cuerpo con el primer pedazo de tela que encontró, y fue cuando me di cuenta de que había recorrido media ciudad desvestida de la cintura para abajo. El *choli* me cubría el pecho, pero el *sari* que tenía puesto antes del maremoto, se lo había llevado la corriente.

Nos abrazamos en silencio y no tuvimos valor de sentir lástima de nosotros mismos. Estábamos vivos y estábamos juntos.

MIENTRAS LA CATÁSTROFE me reducía al tamaño de una semilla de cardamomo, a Thani, en cambio, el hecho de sobrevivir el *tsunami* le dio un peligroso sentido de inmortalidad y la convicción de poder derrotar cualquier imposible.

Me dio la impresión de que esa idea se fortalecía a medida que aumentaba la cifra de muertos y fue ese mismo sentimiento lo que lo ayudó a digerir la noticia de que sus padres fueron encontrados entre las miles de víctimas que perdieron la vida atrapadas en los vagones de un tren que cubría la ruta de Galle a Colombo.

ESTA VEZ YO no tuve muertos que llorar, ya que mi *amma* y mi *appa* murieron juntos en el 2007, en manos de una turba que le prendió fuego al hotel, propiedad de la familia desde tiempos de mis abuelos. Pisotearon las orquídeas y entre gritos y cánticos saquearon lo que pudieron y le dispararon a todo aquel que no hablara cingalés.

Mi *tamby* en respuesta, hizo voto de separación familiar al unirse a las filas de los Tigres, convirtiéndose en *poorali*, o guerrero. Años después, vi la foto de mi hermano menor en la tele, maldito por el gobierno y encomiado por los Tamiles como un *Black Tiger*, quien dejó su sangre derramada en los montes de Jaffna, en una operación suicida.

A mi modo de ver, los males de mi esposo empezaron después del *tsunami*. Algo me decía que Thani no solamente murió en manos de las autoridades. También lo mató la temeridad, ya que él nunca dejó de hablar tamil en presencia de cingaleses, y a pesar de que habíamos escuchado rumores de lo que estaba pasando en las universidades, él insistía en que íbamos a desaparecer, si seguíamos negando nuestra cultura.

POR AQUELLOS DÍAS odié a mi esposo, por sus principios, por su valentía. Thani era la última raíz que me ataba a Sri Lanka, yo bien me hubiese quedado en Europa haciendo buen uso de las credenciales que tanto trabajo me costó obtener.

Si él hubiese sido más cobarde, yo no estaría zarpando rumbo a la India en calidad de refugiada, abordando esta barca de pescadores ilegales. Mi único patrimonio eran los *chandbalis* que no logré ofrendar al oráculo y el *thaali* que seguía prendado de mi cuello. Pensé en tomar un puñado de arena para llevar conmigo un trozo de este lado del mundo, pero cambié de idea al oír que el motor de la barca tosía como un tuberculoso a punto de morir.

—Que tengas una larga vida con honor y respeto. —Le dije a Shyamati con voz quebrada, la amiga fiel que me ofreció su amistad sin reservas, aún sabiendo que yo era Tamil.

—Apúrate Saja, que ya vienen —me dijo agitando las manos mientras veía por encima del hombro, en dirección al pueblo.

Al fondo, silbaban los disparos y las antorchas brillaban como chispas en la distancia. La miré a los ojos y la abracé. Alguien gritó desde el bote y corrí hacia la embarcación sabiendo que probablemente no sobreviviríamos el viaje hasta el otro lado, pero, ¿qué mas daba?

Esa noche zarparon dos barcas rumbo al norte.

Campo de refugiados - Dinamarca

—SAJA CRÉEME, CUANDO te digo que nosotros queremos ayudarte, pero cada vez que hablamos, la historia es distinta. —aseguró Vinnie Holm hojeando el bloc de notas. —La primera vez, dijiste que llegaste a Europa en un barco de pescadores que se deshizo como papel mojado a cientos de metros de la costa. —leyó, hizo una pausa, alzó la mirada y me observó. Al ver que yo no abría la boca, continuó recitando mis historias.

—La segunda vez dijiste que llegaste a Europa desde Canadá, pero cuando contactamos al Servicio de Inmigración en Ottawa, no hay ninguna Saja que haya llegado por avión, ni que responda a tu descripción.

—Yo, ni siquiera recuerdo cómo vine a parar aquí —respondí bajando la cabeza.

—Te refresco la memoria, porque es lo único que podemos confirmar con la policía. —dijo Vinnie, mientras sus bucles cobrizos se sacudían al compás del más leve movimiento de cabeza.

—Los agentes te recogieron en la estación de trenes en Copenhague y lo único que repetías era: refugiada, refugiada. Por eso es que estás aquí.

Permanecí en silencio, para no empeorar las cosas, ya que por más que trataba de recordar, era como poner cebollas picadas y cuadritos de zanahoria en un caldo de *mulligatawny*, donde los disturbios de Colombo en que murieron mis padres, el maremoto, la desaparición de Thani y la odisea para llegar a Dinamarca nadaban en la misma olla.

—¿Saja?

—¿Sí?

—¿Tienes algo que decir?

Sacudí la cabeza. Quería poner mis ideas en orden. Miré alrededor y tomé nota que del techo colgaba una lámpara blanca en forma de trompeta y la mesa era de madera clara con enchapado de formica gris. Las sillas hacían juego, pero estaban forradas de una tela azul rey de lana que me picaba en las piernas. En la pared del fondo colgaba una cartelera forrada de *post-it* amarillos y al lado una cartelera de corcho de la que colgaban llaves, como el tablero de un hotel. A la derecha había una ventana a lo largo de la pared, de donde se podían ver las hileras de barracas donde vivían cientos de familias en la misma situación que yo.

No me acuerdo donde me atacó el cansancio, si poco después de que hice los ritos funerarios de Thani, o cuando me embarqué para huir de Sri Lanka. Lo cierto era que el dolor en el estómago se hizo perenne. Pensé que se debía al hambre, pero una vez saciada, el dolor siguió allí en la base del estómago, hasta robarme el sueño, luego oí a alguien decir que el cansancio también hace doler el estómago.

Tenía el cuerpo agotado, pero las noches pasaban y yo no era capaz de cerrar los ojos.

La imagen de Thani se hizo tan concreta, que lo veía llegar con niños corriendo a su alrededor, y cuando extendía la mano para darles la bienvenida, ellos se quebraban como piezas de porcelana que se esparcían por el suelo convertidos en *vibhuti*, las cenizas sagradas.

Me tapé la cara con las manos e intenté llorar, pero hacía tiempo que no sabía lo que era soltar una lágrima.

—¿Saja? —la mujer preguntó en un intento de hacerme volver al presente.

Levanté la cabeza, haciendo una mueca de dolor.

—Está bien Saja, hablemos de otra cosa. —dijo Vinnie enderezándose en la silla— Cuéntanos acerca de tu familia.

—Estoy cansada, —alcancé a decir llevándome las manos a la barriga.

—¿Estás cansada o tienes hambre?

—Estoy cansada. —recalqué sin levantar la cabeza.

La mujer hizo amago de protestar, pero el hombre uniformado que estaba sentado al lado de ella le susurró algo al oído.

Ella asintió resignada y anunció:

—Lo dejamos así por hoy, vamos a contactar al médico para que te vea lo antes posible. Pero tienes que ir tú misma a la enfermería, ya que el personal de salud no acostumbra a ir a las barracas ¿tienes fuerza para sentarte en la sala de espera?

Afirmé con la cabeza, pero la verdad es que hubiese dicho que sí a cualquier cosa, con tal de lanzarme en la cama. Quería estar sola, pero era un sentimiento contradictorio, ya que cuando no había nadie conmigo, las imágenes de mi pasado me asaltaban, y entonces quería tener a alguien al lado. Alguien que no me hiciera preguntas, que me abrazara y me jurara que ya no estaba en peligro.

—Sería bueno que escribieras acerca de tu familia y las cosas que recuerdas. —sugirió Vinnie separando el fajo de hojas escritas del bloc de notas y me pasó el resto con un bolígrafo encima— Así no necesitas venir. Cuando estés más fuerte hablamos. —dijo levantándose dando por terminado el interrogatorio. El hombre uniformado la siguió.

Cuando se fueron, me levanté de la silla para tomar agua de un bebedero al fondo del local, pero en eso llegó una mujer que llevaba puesto el chaleco rojo con el logotipo de la Cruz Roja y ofreció llevarme hasta la barraca en un carrito verde, como los que usan en los campos de golf.

«A la porra con el médico, eso lo hago mañana», —pensé, ya que no iba a desechar la oportunidad de que me llevaran hasta mi barraca con lo cansada que estaba.

UNA VEZ EN mi habitación, cerré la puerta y me lancé en la cama con el bloc y el bolígrafo en la mano. Quería recordar para terminar con la agonía del interrogatorio. Cerré los ojos por un segundo pero las imágenes de antorchas, el rito en las piras y los que desaparecían tragados por el mar, se materializaron como si los estaba viendo a través de una pantalla de cine. Me sentía como una muñeca de vudú y cada recuerdo de mi pasado en Sri Lanka era un alfiler que el destino me encajaba con saña.

Abrí los ojos y me quedé mirando al techo y fue como un destello.

Se me ocurrió que la policía únicamente estaba interesada en saber la ruta que tomé para llegar a Europa. De todas maneras no la recordaba con precisión, pero me convencí de que si les daba los detalles, quizá ellos harían todo lo posible para evitar que otros, como yo, salieran del infierno de donde venían. Yo no podía ayudarlos a hacer una cosa así.

Rogué para que mi pasado se lo llevara el viento y así no mentir cuando afirmaba que no recordaba cómo vine a parar a la estación central de Copenhague.

Me senté en el borde de la cama y empecé a escribir acerca de mis abuelos, que provenían de Chennai. Describí lo que le pasó a mis padres en Colombo, de mis estudios en el Red River College en Manitoba y el curso de *nouvelle cuisine* que hice en Lyon.

Relaté que mis padres querían que yo misma escogiera a mi esposo, pero como el tiempo pasaba y yo no encontraba a nadie que me gustara, los dejé a cargo. Conté de cómo descartamos el primer pretendiente, ya que él no era vegetariano. El segundo galán me rechazó por miedo a que yo fuera demasiado liberada debido a mis estudios en Canadá y Francia. El cuarto candidato usó la excusa de la incompatibilidad del horóscopo. Luego vino Thani...

Thani no solo me gustó, yo también le gusté. Él no le prestó atención al resultado del horóscopo y ni se inmutó por el hecho de mis años fuera de Sri Lanka. Mi *appa* y a mi *amma* daban saltos de gusto porque al igual que nosotros, Thani era *Iyengar Brahmín.*

Más de una vez le dije en broma que nuestro matrimonio, no fue concertado por ellos, sino por las estrellas.

Capítulo

Campo de refugiados - Dinamarca

ME SUMERGÍ ESCRIBIENDO lo que recordaba de mi propia historia y con regocijo noté que el dolor de estómago se hacía más leve.

Me levanté de la cama y me senté en la mesita que daba hacia la pared para seguir escribiendo. Tuve que encender la luz, porque ya estaba empezando a ponerse oscuro. Tenía una compañera que no hablaba mucho, pero no la había visto en los últimos días. Sobre su cama había un pedazo de papel con el logotipo de la cruz roja que decía "COME TO OFFICE" en letras grandes. Me asomé por la ventana y el cielo rojo cubierto de nubes se escondía detrás de la hilera de barracas al otro lado de la calle.

A falta de puesto libre en la sección de mujeres solas, vine a parar a este lado del campo. En realidad me tocaba el área de cuatro mujeres por habitación, con dos literas de dos pisos una al frente de la otra y cuyos baños, que siempre estaban ocupados, quedaban a lo largo del pasillo. La otra alternativa era hacer las largas colas en los tráileres sanitarios. Afortunadamente no tuve oportunidad de comprobarlo, pero si era cierto lo que escuché en el comedor, el hedor era tan agobiante, que lo mismo daba pasear por las callejuelas de Dharavi.

Fui al baño y llené el vaso con agua del lavamanos. Al levantar la mirada, me sorprendió la imagen que me devolvió el espejo. Era una mujer triste, demacrada, con piel de pergamino y cabellos enmarañados. La oscuridad alrededor de los ojos me recordó a los mapaches que vi en Manitoba. La piel me colgaba de los pómulos dándome un aspecto fantasmal, lo que me hizo pensar en las líneas de un poema de R. Tagore que leí alguna vez.

> *Mi vida en la juventud fue como una flor*
> *—una flor que perdió de su abundancia un pétalo o dos y nunca sintió la pérdida cuando la brisa de la primavera vino a suplicarle a su puerta.*

Traté de recordar el resto, pero las palabras se deben haber perdido en la niebla de mis tragedias. Ciertamente yo había perdido no uno, sino cientos de pétalos y por los vientos que soplaban, no había atisbos de brisa primaveral suplicando a mi puerta.

Puse la mano abierta sobre el espejo para cubrir mi propio reflejo, ya que no quería ver a la mujer envejecida en que me había convertido.

Vacié el contenido del vaso de un solo golpe y volví a la mesita para seguir escribiendo.

No pude evitar verter en aquellas páginas la naturaleza de mi matrimonio, que era un hermoso jardín lleno de plantas: trinitarias, *kamalam*, begonias, *ambal*, rosas y *tamarai*. Les hablaba a los botones y les contaba mis anhelos, cuidaba de eliminar las hojas secas, ponerles abono de cuando en cuando y les daba de beber cuando el sol ya no quemaba la tierra.

Me llenaba de regocijo ver a mi esposo escribiendo, preparando las clases en la universidad. Me encantaba verle la expresión de gusto dibujada en el rostro cuando servía la mesa con mis experimentos culinarios de *avarakkai kootu*, *vazhaipoo usili*, *brinjals* y *upma kozhakattai*. Era maravilloso cuando caminábamos tomados de la mano a orillas de playa Nilaveli o cuando invitábamos a Nalini y a Shyamati a comer con nosotros.

Los años pasaban y nuestros hijos no llegaban. Las flores, al parecer solidarias con mi infertilidad también se negaban a salir. Ni siquiera la trinitaria, tan agradecida debido al poco cuidado que requiere, se animaba a florecer.

Las orquídeas entraron a mi jardín, cuando mi *amma* murió. Era un homenaje a ella y su paciencia y me juré hacerlas florecer aunque el milagro ocurriera una sola vez en la vida. Afortunadamente, no tuve que esperar tanto tiempo y cuando las flores abrieron, pensé que era la señal de que también vendría la bendición de los niños.

EL DOLOR EN el estómago empezó a molestarme otra vez. Parecía aire en las tripas, que al retorcerse me hacía doblarme de dolor. Ya era muy tarde para ir a la cafetería a buscar algo de comer, respiré profundo y cerré los ojos. Cuando la ola de dolor pasó, seguí escribiendo.

Al terminar, doblé el fajo de hojas y me prometí entregarlo al día siguiente para que lo anexaran a mi caso y aprovechar de ir a la enfermería como aconsejó Vinnie Holm.

No me hice muchas ilusiones de que estas hojas ayudaran, ya que solamente sé que me llamo Saja, que amé a un hombre llamado Thani y que al él morir se llevó consigo la esperanza de formar una familia.

(2011)
Servicio de Inmigración, Copenhague

EN LA OFICINA del Servicio de Inmigración danesa, los convocados a una reunión de seguimiento tenían horas discutiendo casos pendientes. Los presentes estaban encuartelados en una oficina pintada de un blanco absoluto que encandilaba, a pesar del cielo gris que amenazaba con lluvia. En el centro del salón había dos mesas negras con puesto para unas quince personas. Del techo colgaban dos lámparas con pantalla de aluminio y entre ellas un retroproyector que reflejaba las imágenes en un lienzo que colgaba de la pared opuesta a la mesa.

En el centro de la mesa había termos de café y té. Los sobres de té descansaban ordenados por colores en una caja de madera vino tinto que decía LIPTON en letras doradas.

—Estos son los últimos tres casos que nos faltan por discutir. —dijo Vinnie operando el apuntador remoto y la foto de una mujer con exceso de maquillaje apareció en la pantalla. —Esta chica proviene de Colombia y llegó a Copenhague vía Ámsterdam. Se hace llamar Eugenia Restrepo, desafortunadamente para ella el pasaporte es falso. Tenemos sospechas de que ella está huyendo de alguna cadena de prostitución.

—¿Han contactado a las autoridades en Holanda? —preguntó Mads Lambeck, un hombre alto, robusto. El tipo de persona que invierte la mayor parte de su tiempo libre alzando hierros en un gimnasio de pesas. Mads era el hombre, el jefe de jefes. Él le reportaba directamente al ministro, lo que le confería la autoridad suficiente como para exigir información.

—Ya hicimos los contactos, pero no nos han dado respuesta.

—¿Tienes idea de cuanto tiempo les va a tomar? —preguntó él mientras tomaba notas.

—Nos dieron un estimado de un mes, pero no hemos escuchado nada.

El hombre asintió con la cabeza, mientras mordía la tapa del bolígrafo.

—Hazle seguimiento, por favor ¿Cuál es el otro caso?

Vinnie activó el apuntador una vez más y apareció la foto de un hombre con un sombrero negro de vaqueros. Tenía los ojos alargados, negro azabache y la nariz era la versión recortada de un pico de águila. La forma de la boca era imposible de determinar, ya que un bigote lacio le cubría el labio inferior.

—Se llama Punka Sahili, —anunció Vinnie— dice que viene de La República de Uzbekistan, sin papeles. La policía lo encontró cerca de la estación en Helsingoer.

—¿Si no llevaba papeles, cómo es que ustedes saben que él es de Uzbekistan?

—Nosotros no creemos esa historia. A pesar de que de pidió asilo, estamos casi seguros de que él no está interesado en vivir en Dinamarca.

—¿Cómo lo sabes?

—Creemos que es gitano. Nuestra teoría es que Punka en un ladrón de poca monta y está aquí por la comida y el techo gratis en el campo de refugiados. Cuando le nieguen el permiso de residencia, se va a otra parte.

—¿Y todo eso es basado en qué? —inquirió Mads.

—Una corazonada.

—Vinnie, aquí no nos podemos dar el lujo de trabajar basados en corazonadas, ¿qué han pensado hacer para establecer la identidad de ese señor?

—Carne de caballo. —anunció Vinnie.

—¿Perdón? —ahora todos levantaron cabeza.

—Sí, carne de caballo. —confesó Vinnie mirando a todos los

presentes— Para los gitanos, los caballos son considerados animales sagrados y comer su carne, sería considerado una terrible ofensa. Por eso lo vamos a invitar a un almuerzo y le vamos a hacer creer que lo que está saboreando es un jugoso bistec de caballo. Esperamos que su reacción lo delate. —explicó ella con una mirada pícara.

—Brillante —admitió Mads.

—Gracias —dijo Vinnie y no pudo evitar ruborizarse ante el cumplido. Cosa rara en Mads.

—¿Algo más? —preguntó él.

—Sí, —dijo Vinnie activando el apuntador una vez. La foto de una mujer oscura y círculos color ceniza alrededor de los ojos, de cabellos negros atados en un moño detrás de la nuca.

—Ella es Saja. —reveló Vinnie— *Grosso modo*, ella afirma que a su familia la mataron en Colombo y su esposo desapareció en una redada que hicieron en la universidad. Ella se vino huyendo de los últimos brotes de violencia.

—¿Alguna identificación?

—Nada, le tomamos las huellas dactilares y las mandamos junto con su foto a ACNUR en Mandapam, ya que estamos casi seguros de que ella vino por la ruta de Tamil Nadu.

—¿Cuantas veces la han entrevistado?

—Dos veces y las dos veces ha contado historias distintas. Tuvimos que suspender la última entrevista, porque Saja empezó a quejarse de dolores en el estómago. El médico la vio y afirma que ella podría tener síntomas de estrés post-traumático, de hecho, le recetó un antidepresivo para ayudarla a dormir. Todo pareciera encajar, excepto por el detalle de la edad, ¿cuántos años creen ustedes que ella dice tener? —le preguntó Vinnie a todos los presentes.

—Cuarenta —se aventuró a decir Mads.

—¿Alguien más? —preguntó Vinnie.

—Entre cuarenta, cuarenta y dos —dijo otro colega.

—Okay, ¿cuántos años tiene? —preguntó Mads impaciente.

—Veintinueve años. —reveló Vinnie complacida al escuchar el *crescendo* de murmullos de asombro— Sí, y Saja afirma ser egresada del

Red River College en Manitoba y que hizo un curso en un Instituto de alta cocina en Francia.

—¿Le creen? —preguntó Mads, mientras garabateaba notas en el cuaderno.

—El inglés que habla es excelente, el único problema es lo de la edad…

—¿Contactaron al Red River College?

—Y al Instituto Paul Bocuse, —Agregó Vinnie terminando la frase— estamos esperando respuesta.

—Disculpen... —interrumpió Peter Frederiksen, que hasta el momento no se había atrevido a ofrecer comentarios. Entretanto, Mads aprovechó la pausa para llenar la taza de café.

—Adelante Peter —Lo alentó Vinnie.

—¿Dijiste Instituto Paul Bocuse?

—Bueno... yo no sé pronunciar Francés, pero si quieres ver lo que ella escribió... —ofreció Vinnie acercándose a Peter para mostrarle las hojas que había recibido de Saja.

Peter hojeó los papeles y sonrió

—Yo podría ayudar...

—¿Cómo? —quiso saber Vinnie.

—Yo conozco el instituto Paul Bocuse.

—¿Sí?, y ¿qué hace un jefe de proyectos de la oficina de asilo en ese instituto? —preguntó Vinnie sonriendo. Ahora todos miraban a Peter con atención.

—Ustedes conocen a Erica, mi ex. Ella hizo un curso allí y yo la visité un par de veces. —admitió él enrojeciendo.

2011

CADA VEZ QUE escuchaba la palabra *"office"* del personal de la Cruz Roja al pasar en el carrito de golf, me atacaban los nervios, porque podía tratarse de que habían rechazado la solicitud, que me iban a mandar a otro centro o mucho peor, que me iban a mandar de vuelta a Sri Lanka.

Sin mucha explicación, me entregaron un sobre con el membrete del Servicio de Inmigración, luego continuaron su recorrido hacia las otras barracas.

Rara vez el personal de la Cruz Roja distribuía la correspondencia de puerta en puerta, ya que para eso estaba la cartelera que actualizan dos veces al día. Es allí donde uno va y revisa si hay carta para uno. Las rondas de la Cruz Roja eran para asegurarse de que los refugiados todavía seguían ocupando las habitaciones, así que cuando me entregaron la carta no pude evitar sentir el temblor en las manos cuando traté de abrirla. Se me cayó al suelo. Respiré profundo y lo tomé despacio mientras lo abría. Era una carta escrita en danés.

Leí una vez más el nombre del destinatario para asegurarme de que la carta era para mí. Al confirmarlo, no supe si sonarme la nariz con el pedazo de papel que tenía en las manos o hacer un sombrero de Napoleón.

—¿Cómo diablos iba yo a saber lo que estaba escrito en ese papel, si yo no hablo danés? —mascullé iracunda.

Me puse el chal y salí en busca de alguien en la taquilla de entrada que me ayudara a descifrar el significado de la carta.

Caminé por las barracas y noté que la grama necesitaba de una mano cariñosa que la podara, ya que crecía dispareja como la pelambre de un perro callejero. Un muchacho estaba sentado sobre una gavera verde, mientras jugueteaba con su teléfono celular.

Cuando llegué a la taquilla, un hombre de aspecto cansado tomó la carta, la miró por ambos lados como para medir el alcance del favor que yo le estaba pidiendo y procedió a explicarme. Al fondo se escuchaba el barullo de una sirena de policía. El hombre se encogió de hombros al mirar en dirección al ruido que hacía la patrulla.

—No te preocupes que no es nada malo. —sonrió brevemente— Te están invitando a una reunión con la gente del Servicio de Inmigración para decidir tu caso. También menciona quiénes estarán presentes.

Él escribió la fecha y la hora en una hoja de papel. Le di las gracias y me alejé de la taquilla. Pensé en irme directamente a la barraca, pero como era casi mediodía, decidí ir al comedor y evitar las colas larguísimas que terminaban quitándome el hambre. Además, no era buena idea andar sola por el campo y convertirme en presa de los otros refugiados. Mi aspecto era tan lamentable que nadie se había metido conmigo, pero ya había escuchado rumores de lo que pasaba en los pasillos del área donde viven las mujeres solas. Desde entonces, siempre llevaba conmigo el cuchillo de sierra que me dieron junto con otros enseres el día que me registraron en el campo.

Al llegar al edificio amarillo con ventanas blancas y con el signo de un tenedor y cuchillo al lado de la puerta, ya estaban los primeros comensales con la bandeja en la mano haciendo fila.

El campo de refugiados albergaba un abanico de nacionalidades, y el aire traía el sonido de idiomas impronunciables. Delante de mí, había dos damas que medio hablan inglés. A juzgar por la apariencia, podría decir que ambas venían de países de Europa del Este. Lo que sabía era que no venían del mismo lugar, de lo contrario ellas hubiesen estado hablando en su propio idioma.

Según lo que pude entender de la conversación, las sirenas que escuché en la entrada del campo se debían a que la policía intervino para calmar a alguien que al enterarse de que lo iban a deportar, en un ataque de desesperación, empezó a tirar cosas a través de una ventana. Aparte de los vidrios rotos, no hubo heridos.

Le mandé mis mejores pensamientos al desconocido, ya que la próxima pudiera ser yo, pero ¿qué otra cosa podemos hacer? No tiene sentido preocuparme por el destino de otros cuando yo misma no tenía la capacidad mental para manejar mi propia situación.

Me di cuenta de que la gente habla animadamente mientras están esperando en la fila, pero una vez que nos sirven la comida, uno busca donde sentarse y devorar lo que hay en la bandeja lo antes posible, como si se tratara de una competencia. Sin mirar al acompañante, sin mirar a los lados, sin hacer el más mínimo comentario. Como autómatas, entramos a la cafetería, nos llenan la bandeja, comemos y salimos.

El espectáculo es desalentador, pero yo dependo del comedor, ya que solamente a los refugiados con hijos, les dan cierta cantidad de dinero en efectivo para que compren su comida.

ME HICIERON PASAR a la sala de reuniones, y reconocí a Vinnie Holm quien estaba acompañada de una mujer de rostro severo y un hombre joven del Servicio de Inmigración, y con ellos una rubia que no entendí cuál era su papel en la entrevista.

Me ofrecieron un traductor, que rechacé amablemente, ya que la conversación bien podía llevarse a cabo en inglés.

Después de saludarnos y hacer las presentaciones de rigor, supe que el hombre se llamaba Peter Frederiksen. La mujer de pelo corto oscuro y rostro serio se llamaba Lone Wagner, y la rubia solamente dijo que se llamaba Erica. Vinnie entró en materia.

—Saja, muchas gracias por las notas que escribiste, —me dijo mientras sacaba los papeles del maletín que llevaba consigo.

Asentí con la cabeza en espera del interrogatorio. Mientras mi pie izquierdo le daba a un pedal imaginario para ocultar el nerviosismo, tomé una botella de agua que estaba sobre la mesa.

—Esta es la última entrevista, Saja. La información que obtengamos hoy, más lo que nos entregó la policía va a sentar las bases para tomar la decisión de tu solicitud de asilo. Normalmente, el procesamiento lleva unos tres meses, pero podría alargarse dependiendo de cuanto se tardan las autoridades de otros países en responder, ¿Okay? —explicó ella como si le estuviese hablando a una niñita de tres años.

—Sí. —dije al girar la tapa de plástico para llevarme el primer trago de agua a la boca.

—Tú afirmas que estudiaste en el Red River College de Manitoba,

¿no es así?

—Sí.

—¿Qué estudiaste?

—Artes culinarias, —dije secándome la boca con el torso de la mano.

—¿Entraste a través del programa de Artes Creativas? —preguntó Vinnie, y le echó una mirada a Erica.

—No, —dije frunciendo el ceño— eso se hace a través del programa de hotelería. Ellos lo llaman *Hospitality*.

La mujer intercambió miradas con Erica, quien asintió desde su puesto. Vinnie Holm procedió a escribir unas notas y sin levantar la cabeza me preguntó —¿Recuerdas en qué año fue eso?

—Sí, 1999.

—¿Recuerdas cuantos años tenías en 1999?

—Mm, debo haber tenido unos diecisiete años. —dije sin apartar los ojos de la botella de agua que tenía en las manos.

—¿Cuánto tiempo estuviste en Manitoba?

—Casi dos años.

—Es decir, hasta... —Vinnie dejó el resto en el aire para hacerme terminar la frase.

—El 2001 —La interrumpí.

—Luego, ¿qué hiciste?

—Lo que todos hacen en el programa de hotelería mención artes culinarias. Mandé mis papeles al Instituto Paul Bocuse. El Red River tiene un acuerdo de intercambio con el instituto en Lyon, ya que ese certificado abre muchas puertas. Obtener un certificado del Paul Bocuse significa acceder a las alturas de la *nouvelle couisine.*

—¿Te aceptaron?

—Sí y lo terminé.

—¿Qué quieres decir?

—No todo el que entra, termina el curso.

Después de hacer este comentario, noté que Erica se enderezó en la silla y me lanzó una mirada incendiaria. Fue un movimiento leve, pero no me pasó inadvertido, «¿rabia, porqué?» —pensé— y Peter Frederiksen, que estaba sentado a su lado, le tocó el brazo levemente. Su reacción me preocupó, ya que no conocía la función de la chica en todo esto, ni la influencia de ella en el asunto de mi visa.

«Mmm, ¿qué pude haber dicho que la puso tan incómoda?» —me pregunté.

—¿Cuánto tiempo duró el curso? —preguntó Vinnie— ¿Saja, estás aquí? —insistió al ver que no le respondía.

—Perdón, no escuché.

—¿Cuánto tiempo duró el curso?

—Oh, ¡sí claro! Cuatro meses.

—¿Qué hiciste después?

—Regresé a Colombo

—¿Recuerdas en qué año? —preguntó Vinnie mientras tomaba una botella de agua sobre la mesa.

—Sí, en el 2002.

—¿Cuántos años tenías en el 2002?

—Veinte —dije mirándola directo a los ojos. Las sospechas de Vinnie me estaban fermentando el estómago.

—¿Podrías decirnos qué pasó cuando llegaste a Colombo? —dijo Vinnie suavizando el tono.

Tomé otro sorbo de agua. La lengua se me pegaba a la encía como si la hubiese untado con pegamento.

—El acuerdo con mis padres fue que ellos me dejaban estudiar lo que yo quisiera, pero si al regresar a Colombo yo no tenía pretendiente, ellos empezarían a buscarme novio.

—¿Qué hiciste?

—Los dejé hacer, de todas maneras yo tendría la última palabra.

—¿En qué año regresaste a Colombo?

—Como dije antes, a principios del 2002. —espeté.

La mujer disparaba las preguntas sin darme pausa en un intento de pillarme en falta, como si yo estuviese diciendo mentiras.

—¿En qué año te casaste?

—En mayo del 2003.

—¿Cuántos años tenías en el 2003?

—Veintiuno. —respondí automáticamente.

—Saja, ¿recuerdas la fecha en que naciste?

—Sí, nací el 14 de abril de 1982.

—Es decir, que hoy tendrías... —Vinnie alzó la vista en espera de mi respuesta.

—*Hoy* tengo veintinueve años —terminé la frase, recalcando el "*hoy*".

—Ajá, —dijo ella y se quedó mirándome pensativa. Luego se rascó la cabeza con el bolígrafo y sentenció —Saja, vamos a poner las cartas sobre la mesa. Tú no pareces una mujer de veintinueve años. —dijo poniendo el bolígrafo sobre el bloc de notas que reposaba en el regazo.

—Eso explica porqué evito mirarme al espejo. —respondí sin pensar. La ansiedad que me invadió al principio de la entrevista había desaparecido, dando paso a una ira que se me hacía muy difícil controlar. Un silencio pesado cayó en la sala de reuniones y fue cuando entendí que la mirada condescendiente de Vinnie no era ni siquiera de compasión, sino de triunfo. Vinnie Holm pensaba que me había agarrado mintiendo.

—¿Tú crees que yo vengo de un *spa*? —disparé la pregunta sin tener más nada que perder— En el 2007, mis padres murieron en manos de una turba enloquecida en Colombo. En consecuencia, mi hermano se unió a Tamil Eelam e hizo voto de separación familiar.

—La lozanía de mi piel se debe al *tsunami* del 2004, donde perdimos todo y por pertenecer a la casta de los *Iyengar Brahmín*, no hubiese sido apropiado aceptar ayuda del gobierno para reconstruir nuestro hogar.

Como nadie abrió la boca para interrumpir, continué enumerando la lista de las desgracias que había contribuido a marchitar mi apariencia.

—Otra cosa que ayuda con las arrugas es saber que el gobierno está matando civiles en su lucha por acabar con los tigres. El cadáver de Thani se lo comieron los gusanos, porque su cuerpo yace enterrado en una fosa común en alguna parte entre Trincomalee y Batticaloa. Por si fuera poco, huí en una barca de pescadores que se hizo pedazos a cientos de metros de la costa de Rameshwaran.

—Sí, nosotros llegamos a la orilla, pero la otra barca se deshizo el alguna parte, cerca de Point Pedro, allí ante nuestros ojos. No solamente no pudimos ayudarlos, porque montar un solo pasajero más, habría significado hundirnos nosotros también. Los vimos perderse en las aguas uno a uno. El terror que vi pintado en cada uno de sus rostros no me abandonará jamás. —dije bajando la cabeza, no quería que ellos me vieran los ojos húmedos al recordar a los que murieron esa noche.

—Disculpa Saja, no quise sonar insensible. —admitió Vinnie, mientras se llevaba el puño a la boca para acallar un acceso de tos.

—No hay problema, tú solamente estás haciendo tu trabajo.

La pausa se hizo tan incómoda que aproveché para tomar agua. Alcé la mirada y vi que Erica entornó los ojos y empezó a jugar con mechones de cabello dorado. Lone miraba hipnotizada el bolígrafo que tenía en la mano y Peter que me estaba mirando a hurtadillas, bajó los ojos.

—¿Saja, crees que puedas decirnos cómo llegaste a Europa? —Preguntó en un tono menos agresivo.

—Lo que recuerdo es que —respiré profundo— Shyamati, mi mejor amiga compró mi puesto en un bote de pescadores. Zarpamos de Trincomalee y navegamos hacia el norte rumbo a Mandapam en la India, donde hay un campo temporal de refugiados. Allí estuve unos meses, pero al enterarme de que ellos podrían devolvernos a Sri Lanka, decidí pagarle a un intermediario. Yo hubiese preferido Canadá o Francia. Él me recomendó Dinamarca, ya que el control de pasaportes no es tan riguroso como en esos dos países.

—¿O sea, que llevabas dinero contigo? —Intervino Peter mirándome de lado.

—No, lo único de valor que llevaba conmigo era el *thaali* y unos aretes regalo de mi *amma*.

—¿*Thaali*? —preguntó él sin entender.

—Sí, un collar de oro con rubíes y esmeraldas. Eso sirvió para cubrir el pasaje, la ropa que llevaba puesta y el pasaporte falso. El intermediario hizo el viaje conmigo hasta a la estación central. Él tenía razón, nadie nos paró en el aeropuerto. Al llegar a la estación, me hizo devolverle el pasaporte y el billete aéreo. El intermediario me dio instrucciones de que cuando la policía se acercara, les dijera "*refugiada*".

—¿Recuerdas cómo se llamaba el intermediario?

Sacudí la cabeza y me reí en voz baja. —Él dijo que se llamaba Arumuka Navalar.

—¿Cuál es el chiste? —preguntó Vinnie.

—A todas luces era un nombre falso, ya que Navalar fue un Tamil prominente que murió a finales de 1800. En realidad fue un alivio que mintiera. En lo que a mí concierne, prefería saber lo menos posible acerca de la naturaleza de sus negocios.

—¿No te dio miedo entregarle el único patrimonio que llevabas encima?

—¿Qué hubieses hecho tú en mi situación?

Capítulo

9

SALÍ DE LA ENTREVISTA convencida de que el Servicio de Inmigración rechazaría mi solicitud. Al menos había comprado algo de tiempo hasta que llegara la decisión definitiva. Fue como si alguien me hubiese arrojado sobre los hombros diez años más. Ni siquiera los rugidos salvajes del estómago, alentaron mis ganas de comer.

A partir de ese momento, los segundos se convirtieron en siglos. Los días parecían una película en cámara lenta: hacer las tres comidas, y luego esperar. Esperar y sentarme en las gradas, no a ver el partido de críquet, sino a ver pasar mi propia vida y la vida de los que corrieron la misma suerte que yo.

Mi rutina en el campo se redujo a hacerle seguimiento a las riñas entre clanes rivales, el estado del hombre que se puso a hacer huelga de hambre porque le negaron el asilo, ver llegar a los nuevos refugiados, despedirse de los que obtenían visa y a que los mudaban a otro campo.

Otra cosa que daba mucho de que hablar, eran algunos deportados que simplemente desaparecían sin dejar rastro al conocer que no les darían el permiso de residencia.

Terminé percibiendo el campo de refugiados como un depósito de destinos rotos. Me resultaba aberrante el hecho de no tener estatus acerca de mi solicitud y estar inmersa en un sistema que estaba diseñado para mantenerme en la oscuridad absoluta. Esto lo empeoraba el hecho de no tener la oportunidad de llenar las horas con alguna actividad que me diera sentido de dirección.

Aparte de la sala de costura, el info-café, el grupo de mujeres y un taller de bicicletas, y el curso introductorio que ya había hecho, desgraciadamente no había un programa que me mantuviera ocupada, algo donde pudiera aprender un oficio. Algo que me permitiera ganar un poco de la dignidad perdida y sentirme útil.

La sensación de no tener control sobre mi propio destino y el sentimiento aplastante de estar recibiendo limosna era aniquilante.

Decidí hacer un curso de inglés del que todo el mundo hablaba horrores. No porque lo necesitara, sino porque era la única manera segura de estar fuera del campo y romper con la rutina.

El curso era una parodia lamentable, donde muchos (como yo) iban a matar el tiempo. La falta de motivación se levantó como un sopor después de la lluvia y hasta la instructora terminó perdiendo el ánimo. Nos quedábamos sentados viéndonos las caras, hojeando los libros, sin tener nada que hacer. No sé en que terminó la experiencia, ya que después de la tercera clase decidí no volver.

Cuando me bajé del autobús que nos trajo del curso y ya camino a mi barraca, se me ocurrió que una manera de acortar los días era ofrecer ayuda mientras esperaba la decisión acerca de mi caso. Mi intención era no pensar. Los 25 mg de Zoloft que me mandó el médico me habían ayudado, yo sin embargo estaba convencida de que el mejor antidepresivo era mantener la mente ocupada.

—¿HOLA? —DIJE EN voz alta al entrar por la puerta trasera de la cafetería. Un muchacho que venía en dirección contraria con dos bolsas negras de basura me hizo señas de que podía hablar con alguien en la oficina.

Me adentré por el pasillo angosto y desde donde estaba parada, se veían las mesas largas del comedor al fondo. Una mujer menuda de ojos azules, me salió al paso.

Me saludó en danés.

—¿Hablas inglés? —le pregunté.

—Sí, sí.

—¿No les hace falta alguien que los ayude?

—Estamos completos. —dijo la mujer volteándose para regresar a la oficina.

—Estoy ofreciendo mi ayuda gratis.

—¿Segura? —preguntó la mujer incrédula.

—Ni un centavo —respondí sonriendo.

—¿Cualquier cosa?

—Bueno... Cualquier cosa relacionada con la cafetería… —le aclaré sonriendo.

—Algunas veces necesitamos a alguien que nos ayude a enjuagar las bandejas, ¿te atreves?

—¿Cuándo empiezo?

Se le iluminaron los ojos —lo más pronto posible. Ah, a propósito, me llamo Jeanette— me dijo extendiendo la mano.

Capítulo 10

OCHO MESES Y medio han pasado desde la última entrevista y no he recibido mensaje del Servicio de Inmigración. No me atrevo a contactarlos por temor a que esto empeore las cosas, me digo que a veces la falta de noticias, son buenas noticias, ya que la mayoría de los casos que se resuelven en el plazo de los tres meses, terminan en deportación.

Me levantaba con las primeras luces, me bañaba rápido y salía a ayudar. Los días se me iban lavando bandejas, limpiando las mesas, después de cada comida y sacando la basura.

Empezábamos el día recibiendo los ingredientes de los camiones y había que verificar que las cantidades estuviesen correctas. Si todo estaba en orden, debía almacenarlo en la despensa. Luego me encargaba de poner las bandejas en su lugar y cuidaba de que en el comedor hubiese servilletas suficientes.

A ese ritmo fui derrotando los fantasmas del pasado. A tal punto, que a veces pasaba hasta una semana sin tomar una sola tableta que me había recetado el médico. La sequedad en la boca había desaparecido también.

Jeanette me había ido delegando más responsabilidades.

Los días en que Mia faltaba, era yo quien se encargaba de sacar los ingredientes para hacer el pan. También era yo la responsable de pelar las papas y cortar los vegetales para la ensalada.

A Mia no le gustaba la idea de que yo me encargara de sus tareas mientras ella estaba ausente y dejaba muy claro su descontento cada vez que podía. Quizá temía que yo le robara el empleo, lo cual era completamente absurdo, ya que ni siquiera, tenía permiso de trabajo.

Cuando nos quedábamos solas, Mia me gritaba insultos en danés. Tiraba sartenes, tensaba el cuerpo y apretaba los puños con sus dedos de salchichas. Su cabello era tan largo como el mío, pero ella se lo ataba en dos trenzas que le llegaban un poco más abajo de la cintura. La piel de leche y las mejillas rosadas, me recordaban a las matronas que le hacen propaganda al festival de la cerveza en Alemania.

En cierta forma, me divertía el desagrado que mi sola presencia despertaba en ella. Le salían unas arrugas en el mentón, como si hubiese comido pasta de tamarindo. Hasta el ritmo del cuchillo al caer sobre los vegetales que estaba cortando se hacía más rápido y si yo le pasaba por el lado, ella se apartaba, como si el color de mi piel fuese a dejar una mancha de tizne sobre la blancura de su camisa. Luego mascullaba algo incomprensible y me volteaba los ojos.

Yo había ignorado cada afrenta, porque mi meta era tener un oficio, no tener tiempo para pensar. Hice todo lo posible por mantenerme fuera de su radio de acción, y así poder llenar las horas con alguna actividad hasta que mi caso se resolviera.

JEANETTE ANUNCIÓ QUE, debido a unas diligencias personales, ella debía ausentarse por un día y que Mia se quedaría a cargo.

Cuando llegué al día siguiente, noté que la puerta trasera estaba abierta de par en par. Entré, colgué mi chaqueta, me cambié los zapatos por unos suecos negros que me regaló Jeanette, cuando empecé a ayudar en la cafetería. Me puse el delantal que colgaba en mi perchero y me encaminé hacia la cocina, atraída por el olor a café.

—¡Negra! Te puedes largar, estamos completos —ladró Mia para hacerme salir de sus dominios lo más pronto posible.

—¿Negra? —le pregunté en voz baja.

Ella no respondió, ganó el espacio que nos separaba y se me plantó a pocos centímetros con mirada retadora. Sacó el pecho como un pichón de paloma, la única diferencia es que no me estaba cortejando y se quedó allí, parada con los brazos en jarra, retándome. —¿Qué, no me oíste? —espetó y sentí que unas gotas de su saliva aterrizaron sobre mi pecho.

Era obvio que Mia no tenía la menor idea de quién era Martin Luther

King, ni de su sueño. También era obvio que no había fuerza ni humana, ni divina que nos hiciera trabajar en paz.

Ya tenía claro el porqué de su odio, y no me importaba el pelo de un mosquito muerto si yo le caía bien o no. Agarré una sartén que estaba sobre el mesón y asesté un sartenazo. Al golpear la madera, la sartén se me escapó de las manos y cayó al piso haciendo un estruendo de cataclismo.

Mia corrió hacia la oficina de Jeanette y se encerró con llave. Y yo, convencida como estaba de que no tenía más nada que buscar en la cocina, dejé el delantal en el perchero cojí mi chaqueta y salí de la cafetería. Necesitaba aire.

CAMINO A LA barraca me imaginé cómo se verían las veredas bordeadas de árboles de cereza y un cercado de trinitarias rojas, en vez del alambre de púas que rodeaba el campo. Cerré los ojos un segundo y el panorama que se desplegó ante mis ojos era de ensueño. Hasta creí escuchar el silbido del viento barriendo las flores caídas que saltaban caprichosas a ambos lados del camino.

Abrí los ojos y comprobé que no era el ruido de flores arrastradas por el viento, sino los pasos del idiota que me fastidiaba en el comedor. Él se las arreglaba para estar justo en el carrito de las bandejas cuando yo pasaba a recogerlas, y en el preciso instante en que iba a tomarlas para llevarlas a la cocina, él tiraba de ellas por el otro extremo. El hombrecito sonreía como un *orco* digno de las páginas del *Silmarillion* y yo lo miraba como si mi rostro estaba hecho de piedra. Se tocaba brevemente el ala del sombrero, sin quitarme los ojos de encima, y cuando él soltaba las bandejas, yo me desaparecía en dirección a la cocina.

Tenía sospechas de que él me tenía ganas desde que me vio llegar al campo, y hasta ahora me lo había sabido quitar de encima, pero aquí estábamos solos.

«Si me devuelvo, va a creer que le tengo miedo», —pensé.

Respiré profundo y mantuve el ritmo de las pisadas para no delatar que su presencia me había puesto nerviosa.

A unos diez pasos de donde yo venía, escuché que él bajaba la marcha.

Se aproximaba despacio. Bajé la mirada para no alentarlo y caminé hacia la derecha para poner más de distancia entre nosotros.

—¿Y eso? Tú por aquí tan temprano... —lo escuché decir.

No respondí, sonreí con los labios apretados y seguí mi camino.

Miré a ambos lados con la esperanza de ver alguna cara conocida, pero nadie apareció. Al fondo divisé el lado de la cerca, donde he visto unos venados merodeando con la esperanza de que alguien les dé algo de comer. Una mezcla de nicotina con amoníaco me golpeó la nariz.

Todos decían que él era gitano y que ni siquiera está interesado en obtener la visa de residencia. También oí decir que su estada era temporal. Al parecer, lo único que le interesaba era tener un sitio donde dormir y comer gratis, mientras arrasaba las casas de la zona. Luego, desaparecería cuando le rechazaran la solicitud, o si se metía en problemas con la policía. Lo que pasara primero.

A decir verdad, a nadie le gustaba el tipo, ya que otro refugiado bien pudiera usar el cupo que él estaba malgastando.

—¿No tienes tiempo de hablar un rato? —me preguntó en un inglés casi incomprensible.

—Cansada —le respondí sin detenerme, mientras me llevaba las manos a la cintura, para asegurarme de que el cuchillo de cierra que siempre llevo conmigo estaba en su sitio.

LLEGUÉ A MI barraca con la sensación de que el gitano me estaba siguiendo los pasos. Con manos temblorosas traté de meter la llave en el ojo de la cerradura, pero rodó al suelo en el primer intento. Miré por encima del hombro y el campo estaba desierto. No había nada que temer. Tomé una bocanada de aire y recogí la llave. Abrí la puerta y le pasé doble cerrojo.

Después de analizar la situación, decidí que lo más sensato era dejar de ayudar en la cafetería. Me sentí orgullosa de no haberme rebajado a ponerle a Mia el sartén por la cabeza, ya que sus ofensas palidecían ante la verdadera amenaza que representaban los asedios del gitano.

Pasaría mañana temprano a despedirme de Jeanette y ya buscaría otra cosa que hacer.

El club de mujeres estaba descartado, ya que eso era un nido de arpías. Las mujeres me despreciaron por ser de viuda y hasta me preguntaron cómo hice para llegar al campo de refugiados sin que me violaran.

Abrí la ventana y corrí las cortinas. Un vapor a tierra mojada me llegó de afuera. Fue una lluvia repentina que le puso una fina capa de lúgubre a las veredas desiertas. Desde ese punto, se podía ver la enorme caja de arena que alguien puso allí como declarando que allí estaba, para que los niños jugaran, pero nunca he visto a nadie jugando allí, o a lo mejor sí jugaban, pero nunca me di cuenta. En esa caja de arena quedaría precioso un estanque con flores de loto y un puñado de *goldfish*, me imaginé.

Me senté en borde de la cama a pensar qué podía hacer mientras esperaba y no dejé de preguntarme, qué estaba pasando con mi solicitud.

Sentí una oleada de aire frío en el estómago y palpé la masa de nudos que se me estaba acumulando en la base de la nuca.

Seguí tocando los músculos de los hombros y decidí darme una ducha con la esperanza de relajarme, ya que la ansiedad se había apoderado de mí una vez más. Abrí el pequeño armario y saqué el Zoloft. No quería seguir tomando esas pastillas, ya que era equivalente a comer arena, pero no quería perder el coraje que me ha mantenido en pie los últimos meses. Abrí el envase, saque la pastilla verde y la tragué sin agua.

—¡BUENOS DÍAS SAJA! —dijo Jeanette al verme entrar en la cafetería.

Se acercó y me tomó del codo y trató de llevarme en dirección a su oficina.

—Buenos días, —le respondí, insegura de qué anticipar. «¿Será que Jeanette me quiere confrontar con Mia?», pensé.

Jeanette siempre ha sido muy dulce, pero hoy el tono era más jovial de lo acostumbrado. Traté de llenarme de valor para decirle que en realidad venía a despedirme. No era fácil decirle adiós, por lo mucho que tenía que agradecerle. Sentí que la traicionaba al tirar la toalla.

—Mia no viene hoy, ni va a volver. —anunció Jeanette mirándome a los ojos, como si ella hubiese presenciado la escena del día anterior.

—Ajá. —fue lo único que alcancé a decir.

—Okay Saja, tenemos mucho que hacer. —Dijo Jeanette dándome unas palmaditas por la espalda.

Asentí y fui a ponerme el delantal.

AL SALIR DE la cafetería, estaba cayendo una lluvia fina. No traje chaqueta conmigo, ya que no tenía pensado quedarme todo el día. La idea era pasar a despedirme de Jeanette, pero el giro que dieron las cosas me obligó a quedarme hasta el final de la tarde.

El viento frío soplaba las gotas de lluvia de tal forma que le daba la apariencia de hilos plateados cayendo en diagonal.

«Hoy es un día de milagros», —pensé disfrutando ese pequeño regalo de la naturaleza, por lo que no escuché los pasos detrás de mí. Al girar para ver quien se acercaba, fue demasiado tarde. El puñetazo me derribó.

Caí a gatas y logré reconocer el sombrero del gitano. Me invadió el terror y el grito se me quedó atascado en la garganta.

—Sexo, —murmuró él dándome una bofetada.

El sabor metálico de mi propia sangre me llenó la boca y rodé por el barro. El gitano me arrastró del brazo mientras yo agitaba el cuerpo y pateaba el aire en un intento desesperado por entorpecer sus planes. Tambaleamos en el lodo y él se detuvo un instante para mantener el equilibrio, luego me dio otro bofetón y empezó a tirarme por los cabellos.

La mente me ordenó que gritara, pero no se me escapó ni un gemido. El hombre me tomó de los brazos y me arrastró en perpendicular a la vereda que era un corredor entre las hileras de barracas. El grito salió de mi garganta como eco en un túnel.

_¡Ayúdenme! —grité histérica y seguí gritando, mientras buscaba a tientas el cuchillo que llevaba escondido en la cintura.

—¡Perra! —gritó el hombre y corrió en sentido opuesto.

Seguí gritando hasta que escuché el ruido de alguien que corría en dirección hacia donde yo estaba. Era un grupo de vecinos. Me encontraron sentada sobre un pozo de barro, las ropas rasgadas y el cuchillo de sierra en la mano.

Capítulo

12

AHORA MÁS QUE NUNCA pasaba por la oficina de la Cruz Roja a revisar la cartelera. Venía dos veces al día con la esperanza de recibir carta del Servicio de Inmigración.

—Tengo que salir de aquí lo antes posible, —me decía una y otra vez.

El hombre del sombrero negro ya no era el problema, debido a que él desapareció del mapa como mis vecinos de otras barracas habían previsto. El episodio con el gitano fue a parar en manos de la policía, pero eso no me hacía sentir protegida, ya que por mi condición de viuda, era cuestión de tiempo que otro se animara a molestarme.

Todos me decían que la mayoría de los casos que se resolvían dentro de los tres meses terminaban en deportación, pero el tiempo pasaba y yo no tenía noticias de mi caso. Mucho menos garantía de que me concedieran la visa, ¿qué iba a hacer si la policía no lograba confirmar mi identidad? Ni siquiera recuerdo cuando fue la última vez que mi número apareció en la cartelera. El panorama no era alentador, pero necesitaba mantener el buen humor, de lo contrario iba a volverme loca.

Como todos los días, fui temprano en la mañana a revisar la cartelera y no había nada nuevo. Después del almuerzo volví a pasar y esta vez mi número estaba allí.

Me entregaron un sobre blanco con la palabra Servicio de Inmigración en la esquina superior derecha. Estudié el sobre detenidamente y me pareció irónico. Ahora cuando tenía la carta en la mano, no me atrevía a abrirla.

Este era el mensaje que había estado esperando los últimos meses. Había llegado a la encrucijada, que definiría mi futuro. No tenía idea de cuantas veces había soñado con este momento y hasta me había imaginado cómo me sentiría al recibir el sobre o lo que iba a decir, pero nada se comparaba con vivir el momento.

Me encaminé hacia las barracas, pero no entré a mi habitación. Me senté en un banco con la carta en la mano, ¿para qué abrirla si la carta bien pudiera estar escrita en danés? De todas maneras no iba a entender lo que decía. No sentí miedo, ni ansiedad, fue más bien un soplo de alivio. Al fin, saldría de la incertidumbre, independientemente de la decisión del Servicio de Inmigración.

Caminé los pocos metros hacia la puerta de mi habitación, pero la noticia de que yo había recibido correspondencia había llegado primero y algunos vecinos ya estaban esperándome en la puerta.

—¿Y bien? —preguntaron en coro.

—No sé, no la he leído todavía —dije con una sonrisa nerviosa.

—¿Qué estás esperando?

—Lo más seguro es que esté escrita en danés, —dije a manera de disculpa, y noté que el brillo en sus ojos hambrientos por una buena noticia se convirtió en una mueca de desencanto.

Estos buenos vecinos me apoyaron cuando el gitano me atacó, ellos llamaron a la policía y hemos compartido la desdicha de escapar de nuestros países, y he lavado sus bandejas en la cafetería. Hubiese preferido leer la respuesta a solas y así maldecir en privado, pero por la solidaridad incondicional que ellos habían mostrado hasta ahora, decidí salir de dudas allí mismo.

Al romper sobre, el círculo de espectadores se cerró a mi alrededor, y esta vez, la misiva estaba escrita en inglés.

Capítulo 13

SALTAMOS, LLORAMOS, NOS abrazamos. Me dieron la bendición en un sinfín de idiomas. Todo el mundo celebraba mi buena fortuna, como si se tratara de sí mismos. Era un logro colectivo que, al mismo tiempo, llenaba sus corazones de esperanza.

—Tráeme suerte, —dijo uno de mis vecinos— tomando mi mano derecha y se la llevó a la frente.

Cuando los otros escucharon el pedido, hicieron fila en silencio y así atraer un poco de mi buena fortuna.

—¡YA ME CONTARON! —exclamó Jeanette, extendiendo las manos para darme un abrazo, al verme entrar en la cafetería la mañana siguiente.

—Sí —le dije, y me permití llorar de gozo por segunda vez.

—Cuenta conmigo para lo que sea, si necesitas una referencia, estoy a la orden —me ofreció.

SEGUÍ AYUDANDO EN la cafetería hasta que recibí carta del municipio que se haría cargo de mí. También me entregaron un sobre con copia de los certificados del Red River College y del instituto Paul Bocuse. Lo que fue otra pequeña bendición, ya que contaba con esos dos certificados para allanar el camino hacia el mercado de trabajo.

Al parecer, el Servicio de Inmigración estaba a punto cerrar mi caso y deportarme, pero lo que decidió mi suerte fue que la policía obtuvo una foto mía del anuario de la escuela de cocina en Canadá. Así pudieron confirmar mi identidad.

EL MUNICIPIO DE Fredensborg me asignó un apartamento de estudiantes en la tercera planta de un edificio en Kokkedal que quedaba cerca de la iglesia Egedal. Cuando abrí la puerta, me pareció un palacio. Era diminuto, pero tenía lo esencial, una sala de estar, una pequeña cocina y el baño.

¿Qué más podía pedir una mujer que por poco pierde su pasado? Tenía mi propio espacio y mi privacidad. Desde el tercer piso se veía la grama del patio trasero y si estiraba bien el cuello, hasta podía ver la línea de agua azul de la Bahía de Nivaa.

También recibí una carta donde me ofrecían un curso de danés intensivo para extranjeros.

Mientras asistía a clases de danés, empecé a buscar empleo. Mis posibilidades no eran muchas, ya que yo no tenía conexión a internet en el apartamento y la biblioteca local abría los miércoles y jueves de 10 AM a 3 PM. Es decir, cuando se suponía que yo debía estar en clases. Me las arreglé para usar las computadoras de la escuela de idiomas, hasta que encontré una biblioteca mucho más grande, donde uno podía utilizar los servicios hasta las 10 PM.

En uno de los recesos del curso de idiomas, alguien comentó acerca de un restaurante japonés donde, al parecer, siempre estaban buscando personal. Pedí los datos y después de la clase, hice el viaje primero en autobús y luego el tren hasta la estación central de Copenhague. No duró más de media hora, pero a pesar de lo corto, pude apreciar los cambios marcados del paisaje mientras nos adentrábamos en la ciudad.

Cuando me bajé del tren, me di cuenta de que esta fue la estación donde Arumuka Navalar me dejó cuando llegué a Copenhague por primera vez.

Recordé los arcos de las salidas de la estación que parecían sacados de una mezquita, los mendigos que la policía correteaba, las baldosas rojas y negras, la columna del reloj donde el intermediario me dejó parada y hasta el leve tropiezo de los pasajeros que apurados se dirigían a la parada de autobuses. En aquella oportunidad pensé que aquellos pasajeros, al menos, tenían un destino. Ellos tenían a alguien con quien compartir el final del día.

La misma sensación me asaltó hoy, pero esta vez yo tenía un propósito, a pesar de que no tenía a nadie con quien compartirlo al llegar al apartamento, que solamente lo habitaban mis recuerdos, ya que ni fotos me quedaron. Al escapar de Sri Lanka perdí cualquier prueba tangible de mi pasado.

Afortunadamente, el restaurante no quedaba tan lejos de la estación. Seguí el río de gente que se dirigía por la salida hacia la calle Bernstorffsgade y pude ver el parque de diversiones. Sentí el mismo vértigo de los que disfrutaban la montaña rusa al oír sus gritos.

Tal y como me había dicho mi compañera de curso, seguí hasta el semáforo a mano derecha, hacia la calle Tietgensgade. Caminé unos ciento cincuenta metros a mano izquierda y pude ver la fachada de vidrio con el nombre del restaurante en letras negras.

El lugar estaba tan abarrotado que se me hizo claro por qué estaban buscando mesoneros. Me había imaginado el sitio de otra forma, ya que tenía en mente el típico sushi-bar con la cinta negra corriendo lentamente, exhibiendo los diferentes platillos que el chef había preparado, pero la escena ante mí, no me decepcionó.

Los muebles eran sencillos pero de buen gusto. Largas mesas de madera clara con bancas sin respaldo haciendo juego. La cocina era una isla abierta donde los comensales podían observar los movimientos de los cocineros. El chef estaba flameando algo en una sartén, y un grupo de mesoneros bastante jóvenes, usando camisetas rojas y pantalones negros estaban tomando los pedidos.

El chico que me recibió creyó que yo iba a comer e insistió en que hiciera la fila. Cuando llegó mi turno, le expliqué que solamente estaba buscando empleo, y me recomendó que enviara una solicitud.

—¿Tienes referencias? —me preguntó cuando estaba a punto de irme.

—Sí, —le dije sin pensarlo dos veces y crucé los dedos para que Jeanette cumpliera su promesa.

Mandé la solicitud unos días después, sin hacerme muchas ilusiones, ya que el equipo de mesoneros que vi, eran mucho más jóvenes que yo.

Mi sorpresa fue grande cuando me invitaron a una entrevista y salí con el contrato en la mano. Empecé haciendo turnos de diez horas a la semana y no pasó mucho tiempo antes de que empezara a tomar órdenes en inglés y en francés. Al principio, no tenía la menor idea de la cocina japonesa, por eso tomé una copia del menú y preparé algunas de las recetas en casa, para así poder explicarle a la clientela la diferencia entre *ebi gyoza* y *ebi katsu.*

PENSÉ QUE ME aburriría trabajando en un restaurante de comida japonesa. Sobretodo después de todos los años trabajando con la *nouvelle cuisine*. Recordé con nostalgia mis días en el Instituto Paul Bocuse, ya que en aquellos tiempos, mi idea era darle un giro internacional a las delicias de Sri Lanka, y ahora trabajando de mesonera, el deseo de montar mi propio restaurante se hizo más fuerte.

¿Quién sabe?, a lo mejor y aprendía un par trucos de la cocina japonesa que quizá funcionaran con los *brinjals*. Una cosa era cierta, yo no le perdía la vista a lo que el chef hacía frente a la hornilla.

MI APARTAMENTO CARECÍA de personalidad. Era un espacio que en cierta forma, se me hacía intemporal, neutro. Era duro, no tener objetos que confirmaran mi historia, que hablaran de mi pasado. Yo, ni siquiera tenía un presupuesto decente para decorarlo a mi gusto.

De las ventanas, colgaban unas cortinas unicolor que cumplían su función, pero no añadían nada acogedor. Fui muy afortunada al encontrar un sofá cama azul muy en una mueblería de segunda mano, que le dio vida a mi pequeño refugio. Tenía tiempo buscando unas flores pequeñas que no necesitaran mucho cuidado y que le dieran un poco de alegría a mi nuevo hogar.

Me hubiera gustado cultivar unas orquídeas, y alguna que otra flor de estanque, pero ellas necesitaban espacio y requerían mucha agua, que en este lado del mundo costaba una fortuna, hasta que conseguí en el mercado unos brotes de *Bellis*. La vendedora me aseguró que resistían todo el año y crecían bien en macetas. Luego compré un par de *Fucsias* y una *Lantana* que puse en la repisa de la ventana de la cocina.

MI TIEMPO LO DIVIDÍA entre la escuela y el restaurante. Los fines de semana se iban lavando la ropa, limpiando el apartamento, prestando libros en la biblioteca y haciendo las tareas de la clase de danés. Las pocas amistades que tenía eran casadas y no me atreví a buscar refugiados de Sri Lanka, ya que ellos me miraban con desprecio, no solamente por mi condición de viuda sin hijos, sino porque hice el viaje desde Sri Lanka sin la compañía de algún familiar masculino.

Era triste llegar a todos los días a un apartamento vacío, donde solamente hablaba con las flores y disfrutaba de la compañía de los libros que prestaba en la biblioteca. Así que cuando me ofrecieron unas horas extra los fines de semana, decidí tomarlas.

—Saja, ¿podrías tomar la mesa seis? —me preguntó Michelle, quien ya estaba a punto de entregar su guardia.

—¡Claro! ¿Ya estás de salida?

—Sí y si no me apuro, me deja el tren.

—Vete tranquila que yo me hago cargo —le dije dándole unas palmadas en el hombro. Tomé mi libreta de pedidos y me acerqué a la mesa. Era un grupo de tres adultos.

—Bienvenidos, ¿es la primera vez que vienen? —les pregunté sonriendo —No, hemos venido antes —respondió la única mujer del grupo y los dos hombres asintieron.

—¿Están listos para ordenar, o desean probar algo nuevo?

Todos empezaron a hablar al mismo tiempo.

—Un *salmón ramen* para mí, por favor dijo la mujer.

—Y un *yasai yaki soba* para mí, —dijo el hombre que estaba sentado frente a ella.

—Un *yaki udon*, por favor —dijo el hombre que estaba sentado al lado de la mujer.

Esa voz me resultó conocida. Tomé nota del pedido y alcé la vista.

Nos miramos un par de segundos y estoy segura de que él también me reconoció. Era el mismo hombre que estuvo presente en el Servicio de Inmigración, pero no recordaba su nombre. Miré en dirección a la rubia, pero no me pareció que fuese la misma que estuvo presente en la entrevista.

Él me miró unos segundos y cuando estuve a punto de saludarlo, él bajó la mirada.

«¿Será que te da vergüenza conocer a la mesonera?», —pensé.

Al ver que él no hizo amago de saludarme, me imaginé que estaba haciendo como si no me conocía, por lo que decidí seguirle el juego.

—¿Desean beber algo? —pregunté evitando su mirada.

Tomé los pedidos y me dirigí a la cocina.

—¿Louise? —Llamé a una colega que regresaba del área de las cajas.

—¿Sí?

—¿Cómo andas de trabajo?

—Acabo de terminar con la mesa diecisiete, ¿tienes algo para mí? —preguntó mirando mi libreta de pedidos.

—La mesa seis. —le dije entregándole la hoja.

—¡Esa es mi amiga! —dijo Louise dándome un abrazo.

—Ya, ya, —le dije en broma— por favor, no los dejes esperando.

—Seguro, mándame todas las mesas que puedas, ¿Okay?

—Lo tendré en mente —le dije mientras observaba el reflejo del grupo de tres a través de la pared de vidrio. No me gustó el sentimiento de desamparo que me asaltó.

—¿A mí que me importa que él se haga el que no me conoce?, —murmuré entre dientes.

—SAJA, ¿NO VAS a atender la mesa tres? —me preguntó Michelle con una sonrisa burlona, haciendo referencia al hombre que venía todos los sábados a comer y que no me quitaba la vista de encima.

—¡Ya está bueno! —le dije entre dientes, pretendiendo que estaba brava por el comentario.

—Saja, no te hagas que la cosa es contigo. ¿Qué, es la tercera, cuarta vez que viene?

—Por favor, Michelle párame la broma que el hombre te puede oír.

—Relájate, que hay ruido suficiente, —dijo ella restándole importancia a mi comentario.

Ahora todos mis colegas del restaurante decían que él venía solamente para verme. En realidad ya tenía cuatro fines de semana seguidos haciendo lo mismo.

Al principio, yo no recordaba su nombre, pero luego revisé la correspondencia que traje del campo y en una de las primeras cartas, mencionaba los nombres de las personas que iban a estar presente durante la entrevista. Allí confirmé que era Peter Frederiksen. Estaba segura de que era él, ya que fue el único hombre que asistió a esa reunión.

La primera vez que vino, él estaba acompañado de otras dos personas y fue cuando tuve la impresión de que él hizo como si no me conocía.

Las últimas tres veces, Peter había venido solo. Se sentaba en la mesa tres, si estaba disponible y se dedicaba a observarme. La cosa no hubiese pasado de ahí, si él no le hubiese dicho a Katie, (una de las mesoneras que lo recibió) que prefería que fuese yo quien le tomara el pedido.

Desde entonces, todos me fregaban la paciencia con el *"Vikingo de Sri Lanka"*. No le he dicho a mis colegas de donde lo conozco para no echarle más combustible a la fogata, lo que, en realidad, no fue necesario, ya que él se las arreglaba por sí solo.

En una de esas visitas, Peter se presentó con una rosa de tallo grueso, largo y pétalos tan oscuros como una cereza madura. Ordenó el *yaki soba yasai*, que ha pedido siempre. Presumo que para justificar su presencia, ya que plato regresó a la cocina sin que él lo hubiera tocado. Después de una media hora, pagó la cuenta y se levantó dejando la rosa sobre la mesa.

Por supuesto que ya todos sabían a quien iba dirigida la flor y hasta me alentaban con preguntas acerca de qué estaba esperando para hablarle al desconocido.

Yo, por mi parte, no le había perdonado el que él hiciera como si no me conociera en presencia de sus amigos, así que todo este circo me confundía. Terminé la guardia y me despedí de mis compañeros, me puse la bufanda antes de salir y me encaminé hacia la estación central.

Cuando llegué al semáforo de la calle Tietgensgade, para seguir a la derecha, Peter estaba parado en la esquina. Los hombros encogidos y el mentón enterrado en los bordes de la bufanda. Tiritando de frío.

Me detuve unos instantes y lo miré a los ojos.

—Disculpa que la otra vez no te saludé, —me dijo casi adivinando mis pensamientos.

—Disculpado y gracias por la rosa, —le contesté dándole la mano. —Me llamo Saja, pero me imagino que eso ya lo sabes…

—Me llamo Peter, —contestó sonriendo —¿vas a la estación?

Asentí.

—¿Quieres que te acompañe?

—¿Tienes tiempo?

—Sí, —dijo con expresión alegre y luego bajó la cabeza, temeroso quizá de revelar demasiado. —Me alegro de que te hayan dado el permiso de residencia. —susurró.

—Yo también, gracias. —de repente no supe que decir, ya que esos días fueron traumáticos, así que terminé bajando la mirada también.

—No es mi problema, pero lo voy a decir de todos modos, —dijo él en tono grave y nos detuvimos a un lado de la acera.

—¿Ajá? —pregunté.

—Tú tienes mucho potencial, no te quedes allí de mesonera. —dijo Peter apuntando en dirección al restaurante.

—Gracias, —le dije enrojeciendo— este trabajo es temporal, tengo pensado quedarme allí hasta que obtenga la prueba de danés.

Caminamos el resto del trayecto en silencio y un sol raquítico de septiembre se escondía detrás de un rebaño de nubes que parecían ovejas.

La estación central estaba llena de ecos, se escuchaban los pasos apresurados de los que entraban y salían, músicos ambulantes y los ruidos que provenían de las calles adyacentes. Peter caminó a mi lado hasta el anden número uno, que estaba casi desierto. Él trató de decirme algo, pero el ruido metálico de los trenes al frenar acalló sus palabras.

—Disculpa, ¿qué dijiste?

—No, no tiene importancia —dijo él sin amargura.

Mi tren llegó a los pocos minutos. Rojo y cubierto de *spray*. En esa estación era muy poco lo que se había salvado de los artistas furtivos. Una vez más, le di las gracias por la rosa y subí al vagón. Me quedé parada cerca de la puerta agitando la mano hacia él hasta que el tren se puso lentamente en marcha.

Capítulo 16

AHORA PETER VENÍA al restaurante casi todos los sábados.

—¡Saja, llegó tu Romeo! —anunciaban mis colegas, que estaban encantados de que apareciera alguien en mi vida.

Peter llegaba cuando mi guardia estaba a punto de terminar y, a veces, entrábamos al parque de diversiones o simplemente nos íbamos a caminar por la ciudad tomados de la mano.

—¿Cuándo me vas a invitar a comer algo hecho por ti? —preguntó él entre bocados de churro con chocolate que compramos en el parque de diversiones.

—¿Te gusta la comida de Sri Lanka?

—Lo más cercano que he comido son las *samosas* de papas y guisantes, —dijo él encogiéndose de hombros.

—Se parece mucho, —admití.

—Te advierto, que yo no como cordero... En realidad soy vegetariano, —dijo él en tono de disculpa.

—¿En serio?

—Sí.

—Pero, ¿tú no eres completamente vegetariano?

—No, también como mantequilla y huevos.

—Que coincidencia, —le dije sonriendo—, dentro de dos semanas tengo el domingo libre, si quieres, puedes venir a mi apartamento, pero te advierto, que no tengo comedor.

—Trato hecho, —dijo él sellando el pacto con una sonrisa.

COMIMOS SENTADOS EN el sofá cama, salí a última hora a comprar unas copas usadas, y cuando creí que tenía todo cubierto, me percaté de que me faltaban velas. Hice unas lámparas con rodajas de banana y mechas bañadas en aceite de coco, a la manera de las bodas en Sri Lanka, que sirven para ahuyentar el mal de ojo.

Peter respetó que yo no quería hablar de mi pasado y se lo agradecí profundamente. A cambio, él me contó el mundo maravilloso de su niñez y su papá *hippie* que lo dejaba hacer todo lo que él quisiera. Me describió los paseos a la costa durante los veranos, las hartadas de moras en septiembre hasta que le dolía el estómago y la pila de crepes que se comían los fines de semana. Esto solamente fue posible ya que su mamá trabajaba los turnos en el hospital.

También me contó, como su padre los había abandonado por una bailarina americana, pero aunque Peter lo echó horriblemente de menos, su papá era el tipo de persona con la que uno no podía ponerse bravo. Su papá nunca estaba apurado, nunca lo apremiaba por nada, y nada le producía estrés.

En una ocasión lo montó en "Janis", un viejo Volkswagen Type2 color naranja. —Vamos a dar un paseo, —anunció.

No habían salido de la ciudad, cuando empezó a salir humo del motor de la pobre "Janis". Se pararon a un lado de la carretera, y apenas saltaron del vehículo, cuando este agarró fuego ante sus ojos. El viejo tomó a Peter de la mano, y se sentaron a la orilla de carretera, luego sacó un cigarrillo del bolsillo y lo disfrutó allí mientras el auto se consumía entre las llamas. —Me imagino que tendremos que caminar, —fue lo único que dijo. Recordó Peter sacudiendo la cabeza al imaginarse la escena.

Su papá era libre, completamente indiferente de la palabra responsabilidad. Su madre, en cambio, tomó el divorcio con estoicismo, pero no quiso saber nada de los pocos bienes que el viejo les dejaba para comprar la mala consciencia. Así fue como el pequeño huerto con la casita, fue a parar a las manos de Peter, quien apenas acababa de entrar al bachillerato.

Era una casita diminuta, con lo indispensable para pasar unos días. En el huerto había porros, unos brotes de papa y zanahorias, pero al fondo, detrás del invernadero, crecían unos arbustos verde oscuro, de hojas largas, puntiagudas, textura plisada y cuyos bordes parecían cortados con una tijera de zigzag y se desplegaban como la cola de un pavo real.

Por la manera como estaban alineados, no parecían haber crecido allí por mero capricho de la naturaleza. Aquello parecía el esfuerzo consciente de la mano de su padre. Cuanto más los observaba, más se convencía Peter de que aquello no era un caso de generación espontánea.

Preguntando entre sus amigos, —¡Increíble, hermano! Tu viejo cultivaba *cannabis* —dijo Peter, imitando la entonación de su amigo al soltarle la noticia.

Fue un momento muy especial, ver al *Vikingo de Sri Lanka* sentado allí, en mi sofá, abriendo su corazón y permitiéndose el lujo de ser vulnerable. No quise interrumpirlo, ya que por nada del mundo hubuese roto la magia de ese instante.

Peter se deshizo de los arbustos, por temor a que lo visitara la policía. Inicialmente, él pensó seriamente en vender la casita y cerrar ese capítulo, pero en ese lugar pasó momentos felices y fue eso lo que lo hizo cambiar de idea.

Se alegró de haber conservado la casa, porque a los pocos meses les llegó la noticia de que su padre y la bailarina, perecieron en un accidente automovilístico.

Al conocer la noticia del fallecimiento, la señora Frederiksen se cerró de negro y no quiso volverse a casar. Ahora que era enfermera retirada, vivía en Farum, con tiempo suficiente para aterrorizar a los vecinos a que mantuvieran el orden, y fastidiando a Peter para que sentara cabeza y se casara, con cualquier mujer a excepción de Erica.

—¿Qué hay con Erica? —le pregunté mientras disfrutábamos unas cervezas belgas que él trajo para la cena.

—Quedamos como amigos, —confesó.

—¿Ella sabe que estás aquí?

—Yo le he hablado mucho acerca de ti.

Le incomodaba el tema, por la forma como miraba hacia la pared y agitaba las piernas estiradas. Luego empezó a rascarse la cabeza, por lo que decidí cambiar de tema.

—¿Qué te hizo trabajar en el Servicio de Inmigración?

—Yo soy biólogo, pero nunca he trabajado en eso. Sin embargo, me ocupé de proyectos de purificación de agua en zonas de catástrofe. Luego de unos años haciendo lo mismo, decidí cambiar de área y por mi experiencia internacional, terminé como jefe de proyectos en la oficina del Servicio de Inmigración.

—¿Qué clase de proyectos?

—El único proyecto en que he trabajado ahora, está relacionado con buscar alternativas para acortar el plazo de espera en el procesamiento de solicitud de asilo para los refugiados.

—¿Te gusta?

—Sí, pero creo que me va a gustar más, si logramos que la gente no se quede en el campo más de tres meses.

—Te deseo la mejor de las suertes, a pesar de que yo misma no disfruté de los resultados de tu proyecto. ¿Es por esa razón que estuviste presente en la entrevista conmigo?

—Disculpa, no debería estar hablando de ese tipo de cosas. —dijo él mirando al piso.

—Soy yo la que debe pedir disculpas... ¿Tienes ganas de comer postre? —Le pregunté para no arruinar la velada.

—¿Qué hay en el menú?

—Helado de parchita con crema fresca.

—Seguro —respondió mientras me ayudó a llevar los platos a la cocina.

Ordenamos la cocina, mientras hablábamos acerca de temas inofensivos: educación, infancia, música, viajes y gustos. De cuando en cuando, nos besamos suavemente. Eran besos largos, a ratos profundos. No teníamos prisa, como si de alguna manera conocíamos nuestras cicatrices.

Nos bebimos todas las cervezas y al día siguiente, nos reímos a carcajadas al darnos cuenta de que nos habíamos quedado dormidos sin quitarnos la ropa.

Capítulo

17

PETER

—ME DIJERON QUE querías hablar conmigo —dijo Peter asomando la cabeza en la oficina de su jefa.

—Sí, pasa adelante y cierra la puerta.

—¿Qué pasa? —preguntó, él al ver que Lone fruncía el ceño.

—Siéntate —sugirió ella con tono solemne, apuntando hacia la silla frente a su escritorio.

Había algo en el tono de su jefa que le dio mala espina, ya que Lone siempre había sido jovial y ellos habían mantenido una buena relación profesional. Peter se imaginó que el problema eran los reportes.

Era cierto que él no había entregado resultados acerca de como sintetizar el proceso de las visas para refugiados, pero nadie dijo que eso era tarea fácil, ya que había un montón de reglas internacionales que imposibilitaban acortar los plazos. «Debe ser eso», —pensó.

—¿Sabes por qué estas aquí? —preguntó mirándolo directamente a los ojos.

—No tengo la menor idea —confesó él, abriendo los brazos en señal de capitulación.

—¿Te acuerdas del caso de la mujer de Sri Lanka?

Aquello fue como cuando un extraño abre la puerta mientras uno está sentado en el retrete. Eran miles los casos de refugiados provenientes de Sri Lanka.

—¿Cuál? —dijo él, cuando de repente, se abrió la puerta. Era Mads Lambeck que, al parecer, también estaba invitado a la reunión.

«Este y *Hagrid* harían un dúo excelente», —reflexionó Peter al saludar al gigante con un breve movimiento de cabeza y que acababa de sentarse en la silla disponible.

—Peter, tenemos información de que tú estás saliendo con una refugiada, ¿es cierto? —interpeló la jefa retomando el hilo de la conversación.

—¡Eso es privado! —dijo Peter cruzando los brazos.

—Peter, sería privado si ella no fuese la refugiada de unos de los casos en que tú estuviste directamente involucrado.

—Ya le habían otorgado la visa cuando nosotros empezamos a salir. Eso se hizo por los canales regulares. Esa decisión se tomó basados en los datos que recogimos, yo no he...

—¡Peter! —interrumpió Mads—, nosotros sabemos cómo se tomó la decisión. Nosotros sabemos que las normas se siguieron de acuerdo con el manual de procedimientos. El problema es que si la prensa se entera, va a enfocar la noticia desde otro ángulo. Esta situación crea un conflicto de interés, porque estás saliendo con una refugiada que conocías mientras el caso de ella se estaba tramitando, ¿no lo ves?

—Claro que lo veo, si lo dices de esa manera... Saja y yo empezamos a salir mucho después de que le otorgaron la visa.

—Peter, estamos dispuestos a darte seis meses de sueldo por tus años de antigüedad —anunció Lone ignorando el último comentario.

—¡Esto es absurdo! —dijo Peter llevándose las manos a la cabeza.

—¿No vas a preguntar cómo nos enteramos?

—¿Qué importa? Pudo haber sido cualquiera, nosotros no nos andamos escondiendo. —Espetó.

—No fue cualquiera, fue nada menos y nada más que Erica —reveló su jefa.

—¿Erica? —preguntó él arrugando la cara como si se había llevado a la boca algo podrido.

—Sí, Erica —confirmó Lone.

—No puede ser, ¿Erica mi ex? —musitó él incrédulo.

—No, Erykah Badu —dijo la mujer impaciente —Peter, la verdad es que tú eres demasiado ingenuo…

—Pero si ella es mi amiga...

—Peter, de alguna forma lo es, ya que ella lo que quería era que reabriéramos el caso de Saja para sacarla del país a puntapiés. Erica es cualquier cosa menos tu amiga. Esa anaconda nos dijo que si no hacíamos algo al respecto, iba a la prensa con la historia.

A Peter le gustó la comparación con el ofidio, y soltó una media sonrisa. No porque le pareciera chistoso, sino porque Lone usaba a Erica para enmascarar lo blandengue de su propio carácter.

—Toma la oferta y ponte a hacer otra cosa, —recomendó Mads, que hasta ahora no había hecho otra cosa que presenciar.

Peter miró alternativamente a Lone y Mads y tuvo la sensación de estar acompañado de dos extraños. Él había trabajado para ellos los últimos seis años y ahora todo se había ido a la mierda, porque decidieron darle la espalda. Lo decepcionó verlos caer de rodillas ante las intrigas de una mujer que a todas luces estaba despechada. Porque, ¿qué otra cosa animó las acciones de Erica?

El pasado reciente ilustraba por qué Lone y el jefe le temían a cualquier cosa que oliera a escándalo y hasta cierto punto los entendía.

Desgraciadamente, la crisis de los tamiles en los ochenta que obligaron al primer ministro a poner el cargo disposición, y el escándalo del 2008, donde hubo casos de personal de taquilla que rechazó a ciudadanos daneses con planillas de solicitud de residencia para los cónyuges, confirmaba que ni Lone ni Mads iban a meter las manos en el fuego por él. De todas maneras, ellos bien pudiesen haber mostrado un poco más de lealtad, a nombre de todos los años que han trabajando juntos.

Peter sintió una poderosa necesidad de escapar de la reunión. Le repugnaba ver cómo estos dos títeres se dejaron manipular por Erica. Los miró una vez más y le echó una ojeada a su alrededor. ¿Cuántas veces había estado en esa misma oficina? No lo recordaba y la verdad que ya no importaba. Se levantó despacio y haciendo acopio de toda su dignidad, salió de la oficina cuidando de no tirar la puerta.

Al salir de la reunión con Mads y Lone, Peter se dirigió a una de las salas de reunión. Al cerrar la puerta de vidrio, tomó su teléfono celular, buscó el nombre en la lista de llamadas recientes y marcó.

Erica tomó la llamada al primer repique. Casi como si estuviese esperando al otro lado de la línea.

—¡Mira pupú! —Dijo él sin darle tiempo de hablar— Si alguna vez vuelvo a escuchar de ti, le voy a decir a todo el mundo lo que pasó en Cerdeña, ¿me escuchaste? —masculló Peter y sintió como el corazón le latía en las amígdalas al cortar la llamada.

«Erica, Erica... », pensó Peter sacudiendo la cabeza.

Él le contó todo acerca de Saja, ya que, después de todo, él mismo terminó escuchando acerca de los encuentros amorosos que ella tenía con otros hombres. La diferencia era que Saja no era un encuentro fugaz y Peter creía de corazón que Erica era su mejor amiga.

Lo que le cayó de sorpresa fue que ella lo denunciara por despecho. También se dio cuenta de que Erica odiaba a Saja, pero ¿por qué? se preguntaba mientras caminaba de un lado a otro en la oficina. Peter se paró en seco al recordar el episodio de la entrevista y no pudo evitar soltar una carcajada.

—Aquí tienes tu respuesta, Peter —se dijo a sí mismo.

«No todo el que entra, termina el curso», había dicho Saja el día de la entrevista, y sin la menor intención, aquellas palabras tuvieron el efecto de un latigazo en la cara de Erica, ya que ella nunca terminó el entrenamiento en Lyon.

¿Qué se creía Erica, que ellos iban a volver? El solo imaginarse la posibilidad, le paró los pelos de punta.

Gracias a Google, Peter se había ahorrado un futuro marcado por las infidelidades de la hermosa Erica. Sí, ella tenía un cuerpo de postín y un apetito carnal imposible de saciar.

—Voy a participar en un taller de alta cocina, —anunció Erica cuando ellos todavía vivían juntos, y ambos decidieron programarlo de tal modo que ella tomaría el avión a Cerdeña. A Peter le hubiese gustado una larga caminata a través de Monte d'Accordi tomados de la mano, pero no iba a ser posible, ya que él se iría para Aarhus a un entrenamiento de tres semanas que había estado posponiendo.

Cuando él regresó al apartamento, Erica había salido, pero su cartera estaba al borde de la cama, «Erica debe estar cerca», —pensó él, y se apresuró a desempacar y cuando montó el maletín sobre la cama, la cartera se volteó. Gracias a sus buenos reflejos, logró atrapar el bolso en el aire, a excepción de un llavero y una cajita que cayeron al piso. Los tomó, y ya estuvo a punto de ponerlos dentro del bolso, cuando le llamó la atención el nombre de la caja: *Doxiciclina.* La saeta de la duda se le metió en el pecho, y en alguna parte de su subconsciente él no quería confiar en sus propias sospechas, pero el timbre de alarma sonaba en su cabeza, después de tantos años como biólogo.

Ya que Erica no estaba en casa, él le preguntó a Google.

Peter tenía sospechas de que la *doxiciclina* se usaba para tratar un sin número de infecciones. Una lista de indicaciones apareció en pantalla: ricketsias, brucelosis y e. coli, pero el corazón se le detuvo al leer: *Neisseria gonorrhoeae* y *Chlamydia trachomatis* que aparecieron en la lista. Cerró los ojos, ya que le dio la impresión de que la pantalla estaba parpadeando. Se le secó la piel del rostro y las manos se le durmieron.

Colocó la cajita al lado de la cartera, empacó nuevamente lo que había sacado del maletín y dejó el apartamento.

Él jamás mencionó el incidente con nadie, simplemente empacó sus cosas y rompió el noviazgo. Al parecer, el silencio de Peter le movió la alfombra a Erica, quien insistió hasta que él volviera a hablarle. Nunca discutieron el episodio, pero tampoco volvieron a estar juntos en la cama. Salían, bailaban, se emborrachaban, se contaban historias y todos daban por hecho que él volvería a caer en brazos de la ex. Peter se divertía con las suposiciones de sus colegas, al constatar lo poco que lo conocían. Erica y él habían terminado y eso era irreversible.

Saja, en cambio, lo atrajo por su fortaleza. Peter nunca había visto a nadie, encarar a Vinnie con la pregunta "¿Tú te crees que yo vengo de un *spa*?"

A su modo de ver, no había punto de comparación entre Saja y Erica. Saja, tenía personalidad, fuerza de carácter. Saja tenía principios y una visión muy clara de lo que quería en la vida. Además, Saja podía darse el lujo de escribir tomos acerca de la palabra "lealtad", lo que la convertía en una mujer exquisita.

Capítulo 18

PETER

DESPUÉS DE LA llamada telefónica a Erica, Peter fue directo a su escritorio a recoger las pocas cosas que llevaría consigo. Alguien dijo algo, pero él no escuchó. Peter hubiera preferido usar una caja, pero desistió de la idea, ya que pedirle una a la recepcionista hubiera dado lugar a preguntas que él no tenía ganas de contestar.

Llegó a su puesto y abrió las gavetas del escritorio donde consiguió una bolsa plástica amarilla y negro. Le dio una mirada breve al escritorio y sonrió ante la cantidad de baratijas que había ido coleccionando los últimos años. Peter descartó una jarra con el logo del Servicio de Inmigración que él terminó usando de porta lápices.

Tomó los números de las últimas tres carreras DHL que colgaban de una cartelera de corcho y los tiró a la papelera.

«Que otro se encargue de esto», —pensó al hacer una bola con los *post-it*, notas de asuntos pendientes que estaban pegados alrededor de la pantalla de la computadora y los arrojó a la basura.

Peter separó una foto amarillenta donde su papá estaba sin camisa en medio de una multitud en el Festival de Woodstock y otras fotos de sí mismo en sus tiempos de voluntario en África que estaban debajo de la estera transparente del escritorio y las metió con cuidado en la bolsa.

«Lone, te puedes sentar sobre ellos», —pensó él al observar los dos cactos que estaban sembrados en una maceta blanca: uno de hojas acolchadas verde pálido, parecido a una alcachofa y el otro se erguía como un pepino coronado por una masa amarilla como una calabaza en miniatura. Lone se los había regalado para humanizar el escritorio de su *"trabajador preferido"*, como ella misma había dicho.

—Todos sabían que hoy mi cabeza iba a rodar, —murmuró Peter al tomar su teléfono y la bolsa con las fotos, mientras se alejaba discretamente por el pasillo que estaba "casualmente" desierto.

—SAJA, TÚ ESTÁS obsesionada con tener niños, solo quieres niños. ¿Cómo puedes pensar en formar familia, cuando no tenemos estabilidad económica?

Ella soltó una carcajada, que resonó como las cuentas de un collar roto al caer al piso.

Lo que le pareció chistoso de la acusación, fue que Peter lo dijo, como si fuese algo vergonzoso querer tener hijos.

—Peter, ¿te parece que voy muy rápido? —preguntó Saja conociendo la respuesta.

—Saja, hace tres meses que perdí el empleo, he mandado mis papeles a todas partes y a veces ni me responden, ¿cómo diablos nos vamos a poner a formar familia si estoy desempleado?

—Siempre va a ver una piedra en el camino, Peter. Si no es el trabajo, es la carrera, la falta de dinero, la falta de tiempo, que estamos muy jóvenes o que estamos muy viejos, inestabilidad política, crisis financiera.

—Peter, ¿tú crees que no nacieron niños durante la guerra civil en Sri Lanka? La situación perfecta no existe. —dijo ella juntando los dedos en un gesto teatral.

—Saja, yo no voy a tener hijos hasta que no tenga un trabajo —anunció él bajando la cabeza.

—Contéstame una cosa, ¿tú estás seguro de que cuando consigas un empleo, no vas a perderlo?

Peter no quiso seguir discutiendo, y se fue a la cocina, tomó un vaso de vidrio y se sirvió agua del chorro.

—Yo respeto que no quieras tener hijos, pero entonces es mejor que no sigamos juntos. —dijo Saja recogiendo su bufanda y la chaqueta que estaba doblada sobre el respaldar de la silla.

—Saja, acabamos de enviar la solicitud para el proyecto del restaurante. Si lo aprueban no vas a tener tiempo de cuidar bebés.

—Lo más seguro es que no lo aprueben, ¿estás viendo? El pesimismo es contagioso. —dijo ella antes de salir.

Capítulo 19

—TE LO DIERON, —dijo alguien detrás de mí.

Este era uno de esos días, donde todo lo que iba a salir mal, salió mal. Clientes que no se decidían por lo que iban a pedir, alguien devolvió un bistec con picante, porque según él, estaba frío y cuando lo calentamos, lo devolvió otra vez, ya que estaba muy picante. Luego, los miserables con la propina, y por si fuera poco, hubo algo de drama con una señora que intentó pagar la cena con una tarjeta de crédito que fue rechazada tres veces.

—¡Estos mesoneros...! ¿No sabes usar esa máquina? —masculló la mujer.

—Señora, no hay nada malo con la máquina, —le contestó Michelle al dirigirse a la caja registradora, tomo un par de tijeras y le cortó la tarjeta por la mitad en las narices.

«¿Y ahora qué?», pensé al voltearme. La versión un poco más delgada del Peter que había dejado atrás hace unos meses estaba allí parado.

—¿Por qué no respondiste mis llamadas? —preguntó, pero aquello sonó como una súplica. Era maravilloso verlo otra vez, pero no quería hacerme ilusiones.

—Perdón, ¿qué dijiste?

—¿Que por qué no devolviste mis llamadas? —repitió él.

—Estaba brava, ofendida... La verdad es que ya no me acuerdo. —confesé mirando a mi alrededor. Michelle y Katie cuchicheaban en la cocina. Le había tomado cariño a las dos brujas, el restaurante estaba a punto de venirse abajo, y ellas conservaban el buen humor.

Lo aparté a un lado, ya que mis colegas entraban y salían.

—Aprobaron el dinero del proyecto, Saja. Ganaste, —me dijo con una sonrisa débil.

—No Peter, *tú* ganaste. Te confieso que hubiera sido divertido montar ese restaurante junto contigo. Yo lo vi como un sueño conjunto, pero como están las cosas, ahora es diferente. —le dije bajando la mirada.

—Saja, yo también quiero participar.

—Peter ya no somos novios, yo quiero formar una familia.

—Saja, estoy aquí.

—Tú estás aquí por el proyecto, —le dije en voz baja.

—Estoy aquí por ambas cosas.

EL PROYECTO DEL restaurante surgió de un comentario que le hice a Peter un viernes en la noche mientras disfrutábamos unas cervezas trapenses.

—Es preocupante la cantidad de comida en buen estado que el restaurante tira a la basura.

Él se rascó la cabeza y me preguntó —¿Te has dado cuenta de que lo mismo sucede en los supermercados?

—Sí y lo que me da más lástima es que los vegetales solamente tienen un par de magulladuras. La ironía es la cantidad de indigentes, que se acuestan sin comer.

—Ahí tienes material para un proyecto —dijo él levantándose de un salto.

—¿Lo dices en serio?

—Por su puesto, me imagino que debe haber un montón de organizaciones dispuestas a financiar algo que ayude a los que no tienen hogar.

CUANDO ESCRIBIMOS LOS detalles, para hacernos una idea de lo que significaba montar un restaurante, me convencí de que el proyecto estaba destinado a morir. Era demasiado ambicioso.

Mi visión era la de abrir un restaurante, que no arrojara ganancias. La materia prima era lo proveniente de las cadenas de supermercado, y la comida que sobrara en las cantinas de empresas privadas. Otro escollo era el transporte, los costos del local, la cocina industrial y el personal. La logística hacía la idea casi imposible de realizar y cuanto más descabellado sonaba en mis oídos, más se entusiasmaba Peter con la idea.

Para nuestra sorpresa y gracias al lobby que hizo el incansable Peter, había un montón de empresas dispuestas a colaborar, a cambio de que en alguna parte se informara acerca de los patrocinadores, claro está.

Abrimos el restaurante y hasta la Sra. Frederiksen se involucró en el proyecto, ya que nos puso en contacto con una india Wayuu que gustosamente nos prestó unas alfombras para decorar el local.

El restaurante siempre está lleno de comensales, primeramente personas sin techo y otros que vienen y pagan la comida para apoyarnos. Al parecer, la idea ha servido de inspiración y sabemos de un grupo de jóvenes que está haciendo algo similar, con la pequeña diferencia que ellos sí cobran por la comida, pero las ganancias se usan para financiar proyectos de caridad.

ABRÍ LOS OJOS antes de que el despertador sonara, Peter yacía dormido a mi lado. Me encantaba verlo dormido, lleno de paz, lo que me recordaba a menudo algo que me dijo hace mucho tiempo, cuando estábamos recién enamorados.

—Peter, por mí no hay problema, yo sé que a ti te gusta dormir del lado derecho —le dije en una ocasión.

—No, —respondió él— yo quiero que seas la última imagen que vea cada día —y segundos después se quedó dormido.

Miré alrededor en la oscuridad. Una montaña de ropa limpia ocupaba la silla al lado de la cómoda, de donde se podía ver uno de los cajones medio cerrar, dejando al descubierto un revoltijo de medias y ropa interior.

Los zapatos de Peter, estaban tirados en el rincón, que a la luz de la penumbra parecían huevos de avestruz. Sí, vivíamos en un completo desorden, ya que pasábamos todo el día en el restaurante. Llegábamos muertos de cansancio, pero con los corazones repletos.

Una luz plomiza entraba por las rendijas de la persiana. Me levanté de puntillas, fui directo al baño y cerré la puerta para no molestarlo con la luz.

Abrí la gaveta y saqué el dispositivo que parecía un bolígrafo. Removí la tapa y las dos ventanillas quedaron al descubierto. Me senté en la poceta y oriné cuidando de mojarlo lo más que pude hasta sentir el líquido caliente en la punta de los dedos. Respiré por la boca para evadir el tufo de amoníaco. Sacudí la prueba cuando terminé y la puse sobre el lavamanos.

Me metí bajo la regadera para dar tiempo a que el ácido de la orina hiciera su trabajo. Me tomé un par de minutos con la toalla, secando las hebras de cabello, que casi me cubrían la espalda. Me unté la crema humectante y dos rondas de desodorante y hasta me apliqué unas gotas de UMAMI detrás de las orejas. Peter me regaló la fragancia de sándalo, ya que él quería que usara algo que me recordara a Sri Lanka.

Estaba consciente de la táctica dilatoria, porque estaba aterrorizada de ver los resultados de la prueba. Me asustada la edad, de ver desvanecerse con el tiempo la posibilidad de tener hijos, me atemorizaba otro "negativo", como los cientos de "negativo" desde mis tiempos en Sri Lanka.

Se me escapó un gemido y con el corazón golpeándome la garganta, me dispuse a leer el resultado. Una línea fucsia, gruesa y bien definida apareció en cada ranura. Sentí que no podía respirar, mientras las lágrimas rodaban copiosas. Me quedé sentada allí, sobre el retrete, sonriendo con los ojos cerrados, disfrutando de la idea de que muy pronto una pequeña vida estaría palpitando en mi vientre. Traté de recordar las canciones de cuna que mi *amma* me cantaba cuando yo era niña, pero nada me vino a la mente de aquel pasado tan distante. A cambio, como una chispa en la oscuridad, recordé el poema de R. Tagore, completo.

Mi vida en la juventud fue como una flor
—una flor que pierde de su abundancia un pétalo o dos y nunca siente la pérdida cuando la brisa de la primavera viene a suplicarle a su puerta.
Ahora, al final de la juventud, mi vida es como una fruta, sin tener nada de sobra, esperando a ofrecerse por completo con su carga llena de dulzura.

Yonna

Capítulo 20

YO ERA *WAYUU*. Así es como decimos persona en mi lengua. Nos llaman los "sin Dios", niños de la lluvia, o gente del sol. Algunos dirían que merecemos morir, y a pesar de que he muerto más de una vez, mi historia no se trata de la muerte.

Nací bajo un aguacero que abría grietas en la tierra, mientras otros miembros de mi clan, bailaban la *yonna* para agradecerle a *mareygua*, el creador del mundo, la llegada de *juya,* nuestra manera de decir lluvia.

Yo pertenecí a la casta de los *epieyú,* simbolizada por el cóndor, que no solamente es el mensajero de *mareygua*. También lleva consigo la esencia de los muertos al otro mundo, cuando alza el vuelo.

Mi mamá como buena *piache* interpretaba los sueños, entraba y salía del mundo de los muertos, curaba enfermedades y era agradecida. Bailaron la *yonna* en retribución por las lluvias. Como la *yonna* simboliza la lucha de poderes entre el hombre y la mujer, mi mamá decidió llamarme Yonna.

Mi abuela olía a malojillo, ella también era *piache* y me enseñó a tejer mucho antes del *encierro*, que es cuando la niña está lista para tomar marido. Mi *piache* me contaba que yo no tenía más tres años, cuando empecé a jugar con la aguja y la tela.

—¡Criatura! *Walekerü* te cuenta sus secretos, Mira que tejer sin guiarse por un dibujo... —decía mi abuela y su cara quemada por el sol, al sonreír, se transformaba en la concha de una parchita arrugada. Con cada una de sus palabras, yo me sentía más *Wayuu*.

En mi clan las mujeres tejían, cocinaban, cuidaban a los niños y bañaban a los muertos. Los hombres pescaban y pastoreaban las cabras.

Para el *Wayuu* no había nada más importante que el *encierro* y el velorio. Cuando la niña sangra por primera vez, es señal de que está lista para formar familia. Por eso la encierran en un cuarto oscuro y es la abuela materna quien le canta, y para sacarle las malas mañas le corta el cabello cortito. También le cuenta cuentos, la enseña a tejer, la alimenta con sus manos y lava el cuerpo de la niña con agua de *juya* al amanecer, mientras el resto de la familia duerme.

La niña sale del *encierro* convertida en *majayut.* Está lista para recibir al hombre y su semilla, y parir sus hijos. Mi gente lo celebra bailando la *yonna*, los hombres se emborrachan con *chirrinchi* y todos comemos la carne de chivo asado en la fogata que siempre está ardiendo.

El alma de nuestras casas está en el fogón, sin fogón encendido no hay vida. La casa se llena de espectros y muere.

Durante la *chicha maya* en mi honor, que fue la fiesta en que celebrábamos el final de mi *encierro,* los perdí a todos. A mi mamá, mi abuela *piache*, mi papá y a mis ocho hermanos.

Supe que se debió a una ofensa que ni *el palabrero* pudo mediar. Alguien de mi clan denunció el lugar preciso de una *caleta.* Era gasolina de contrabando que los del clan *Uriana* iban a transportar a Colombia por el sendero de las trochas.

La policía detuvo el operativo con la esperanza de obtener dinero por parte de los *Uriana* y así hacerse la vista gorda. Al no ver ni un centavo, a la policía no le quedó otra alternativa que hacer su trabajo y confiscar los barriles.

Por esa falta, mi familia pagó a machetazos lo que no pudo pagar con ofrendas.

Mareygua, el creador del mundo tenía otros planes para mí. Ya que me libró de la masacre, porque fui a orinar detrás de la casa, al pie de una mata de cambur. No compartí el destino de los míos, y por primera vez, dejé de sentirme *Wayuu.*

El altercado con los *Uriana* dejó dieciocho cadáveres de los dos bandos y la policía vino a indagar. Los agentes no se acercaron a los cuerpos mutilados, respetando que solamente la mujer *Wayuu* puede tocar a los muertos. A cambio, los policías me manosearon.

El menos perverso era el jefe. Aquel hombre parecía más viejo que mi *piache*. La cara picada de viruela, unas pocas hebras de pelo grasoso cruzaban el cráneo pulido y el botón de la camisa se abría justo donde la barriga se hacía más prominente. Él se consolaba con verme. Se emborrachaba con tragos de aguardiente y mientras chupaba un tabaco, me hacía bailar desnuda a punta de pistola.

Debo tener algo de *piache* en la sangre, ya que con cada arremetida de los agentes, aprendí a salir de mi propio cuerpo, me convertía en *Yeye*, la muñeca de trapo que me tejió mi abuela. Así dejé de sentir dolor y miedo. Veía claramente a mi *piache* bajar de las nubes a juntar mis palmas, mientras susurraba canciones de cuna en *wayuunaiki* para hacerme dormir. Pasé noches enteras escuchando la voz de mi abuela diciendo «*ya pasó, ya pasó*».

Los policías, ya incapaces de encontrar regocijo en mi cuerpo, y cansados de mis ataques de vómitos, me llevaron hasta unos tenderetes de comida a la orilla de la carretera que da a Paraguaipoa, abrieron la puerta del jeep y sin más ceremonia ordenaron:

—¡Piérdete!

Capítulo 21

MI ABUELA ME acompaña todavía, y con nosotras *walekerü*, la araña, la maestra tejedora. Empecé a tejer hamacas, sombreros y cotizas en el tenderete de la señora Meche que vendía artesanías a orilla de la carretera, mayormente a distribuidores de Maracaibo que venían de lejos a comprar la mercancía, para revenderla por verdaderas fortunas en los hoteles de lujo. La señora Meche me prohibió salir de la tienda y le sorprendió mi regocijo ante la orden. A cambio, me permitió dormir en la trastienda y pagaba mis oficios con tres platos de comida al día.

Lo único malo era Tomás, el sobrino de la señora Meche, que me miraba como los policías, pero la señora Meche no lo perdía de vista. Sin embargo, Tomás se las arregló un par de veces para evadir la vigilancia de la señora Meche y vino a darme palmadas en las nalgas a manera de saludo. Aquello me me provocó un acceso de vómitos que le salpicó la ropa. Desde entonces, no se atrevía a acercarse, pero lo pillé vigilándome, como a la espera de otra oportunidad. Supe que, tarde o temprano, tendría que dejar el tenderete.

En una oportunidad, y ya segura de que no le robaría sus tesoros, la señora Meche me dejó a cargo de la tienda un par de horas, ya que necesitaba comprar hilos para que yo le tejiera unas hamacas que le habían encargado.

Me quedé en la trastienda terminando los motivos de una alfombra, cuando escuché ruidos de pasos. No estaba segura de si fue aquí o en otra de las tiendas, porque el sonido de los camiones, tocando corneta al pasar, nos estaba volviendo locos.

—¿Buenas? —dijo una voz de mujer. La sensación de náuseas, me oprimió el estómago. Agucé el oído para asegurarme de que la mujer que hablaba desde afuera estaba sola.

—Buenas —respondí desde la trastienda, sin atreverme a salir.

—¿Se encuentra la señora Meche?

—Ella salió a comprar unos hilos, ya debe estar por llegar, ¿Usted quiere esperarla?

—¿Hace cuanto tiempo que se fue?

—Ya hace un par de horas, es raro que no esté aquí. —insistí.

—Y tú, ¿la ayudas con las ventas?

—No, yo soy la que teje. —ya segura que era una sola persona, asomé la cara.

Era una mujer blanca, una *alijuuna*. Llevaba ropas claras de lino. Pulseras doradas le adornaban los brazos. La mujer protegía su cara con un sombrero de paja y olía a recién bañada. Sus ojos azul pálido tocaban todo alrededor.

—¿Eres tú? —preguntó, mientras avanzó hacia mí y trajo consigo una tenue fragancia de limón. Yo di un paso atrás.

Asentí con la cabeza. La mujer hablaba español, pero ella no era de aquí —¿Quiere un guarapo mientras la espera?

—No gracias, con este calor... ¿Me podrías mostrar lo que estás tejiendo?

La miré un segundo y ya más cerca de mí, me envolvió el aroma de malojillo. «La *alijuuna* huele a limpio», pensé.

—Sí, venga por aquí y le muestro...

Al entrar, sus ojos se clavaron en la alfombra a medio hacer que puse sobre la mesa.

—¡Qué raro! —exclamó la mujer después de examinar la pieza.

—¿Qué raro qué? —tartamudeé, ya que uno no discute con el cliente.

—Que estés tejiendo esa alfombra en fondo azul, no recuerdo haber visto alfombras *Wayuu* con fondo azul. ¿Es un encargo? —preguntó mientras recorrían el tejido y lo examinaba de cerca.

—Sí, pero es mi abuela, que es *piache*. —comenté dando por sentado que ella entendía el significado. —Ella me susurra el motivo y yo lo tejo.

—¿Qué significa ese motivo? Pareciera un sol azul.

—Es una estrella tapando el sol.

—Un eclipse. —corrigió la extranjera.

—¿Qué es un eclipse?

—Una estrella tapando el sol. —repitió sonriendo.

—¿Le gusta la alfombra? —preguntó la señora Meche que acababa de llegar al tenderete cargada de bolsas.

Las dos nos volteamos a mirarla. Tomás estaba parado a su lado cargando el resto.

—La contrato.

—Esta alfombra es un encargo, pero la muchacha le puede hacer una igualita. ¿Verdad que sí, Yonna?

—No, contrato a la joven, pida lo que quiera.

—¿Yonna? —preguntó la señora Meche dejando caer las bolsas al suelo.

—Sí, —la *alijuuna* se dirigió a mí ignorando a la señora Meche— vas a trabajar para mí y vas a ganar tu propio dinero y vas a aprender a leer y a escribir y vas a dormir en tu propia cama, en tu propio cuarto, ¿qué dices?

—No puedo dejar que la contrate, —interrumpió la señora Meche— porque ella trabaja para mí, pero Yonna puede tejer todas las alfombras que usted quiera. —Tomás estuvo a punto de decir algo y la señora Meche lo mandó a callar.

Me di cuenta de que la señora Meche usaba un tono desconocido. Le hablaba a la *alijuuna* con cuidado, como midiendo las palabras, ¿temor?

—Yo no estoy comprando a la muchacha. Estoy comprando su libertad, —dijo la extranjera.

—Ella es la única tejedora que tengo.

—Precisamente por eso es que te voy a pagar la compensación. —argumentó la mujer.

—No puedo, —dijo la señora Meche sacudiendo la cabeza— ¡Yonna, vete a tejer! —me ordenó.

—Bueno, no hay problema llamo a la *polizei* y les cuento que esta muchacha está en condiciones de esclavitud. Tú sabes que a *mí* sí me van a escuchar... — Dijo la *alijuuna* con los brazos en jarra. — Te vas a quedar sin tejedora y vas a perder la compensación.

La mujer tenía razón, no es que la policía se interesara mucho por gente como yo, pero otra cosa era si la denuncia venía de una mujer blanca y con dinero.

—¿Y eso que usted está tan interesada en ella? —preguntó la señora Meche con un dejo de ironía.

—Porque esa muchacha está desperdiciando su vida en esa trastienda.

—¡Ella tiene comida y techo!

—¿Cuánto le pagas por las alfombras, ella va a la escuela? ¿Y esto es lo que tú llamas *techo*? —dijo la blanca mirando alrededor.

—¿Con qué tiempo va a tejer las alfombras que tú revendes a una fortuna en tu hotel de lujo? —se atrevió la señora Meche a preguntar.

Hubo un silencio pesado y yo no me atrevía a moverme de mi sitio.

—¿Qué haces tú ahí parada? ¡Anda a tejer! —me ordenó la señora Meche, pero no me moví del sitio.

Por primera vez observé a mi jefa. La franela, que era un par de tallas más pequeña, dejaba ver el contorno de dos rollos de grasa a ambos lados de las caderas. Toda la carne que le faltaba en las nalgas, estaba concentrada en su pecho de matrona. Los pantalones verdes oliva arremangados hasta las rodillas como los que usan los militares tampoco ayudaban a mejorar su aspecto. Dos dedos de raíces oscuras delataban que sus cabellos no eran rubios.

—La muchacha se viene conmigo, a menos que ella no quiera —dijo la extranjera sacándose las pulseras y los collares de un golpe. Luego abrió su cartera y sacó un fajo de billetes y lo puso sobre la alfombra a medio hacer.

—Aquí tienes, suficiente dinero para cubrir el costo del tenderete con todo lo que tiene adentro y si te veo cerca del hotel, te denuncio a la *polizei*.

—¡Se dice policía! —la corrigió la señora Meche, como si ella misma hablara perfecto español.

La *alijuuna* ignoró el comentario, me tomó de la mano y me sacó del tenderete.

No me resistí porque me aterraban los avances de Tomás y yo ya estaba pensando seriamente en escapar.

Salí del tenderete con los pies descalzos. A medio correr, me llevó hasta un carro gris metálico que estaba estacionado unos metros más adelante. La mujer abrió la puerta del pasajero y me indicó que me sentara. Ella se apuró a tomar el lado del conductor, se quitó el sombrero y lo echó en el asiento de atrás, revelando sus cabellos plateados recogidos en una cola de caballo. De cuando en cuando, la mujer miraba en dirección al tenderete que habíamos dejado atrás, pero ni la señora Meche ni Tomás salieron a buscarnos.

Encendió el motor y una bocanada de aire frío me puso la carne de gallina. La *alijuuna*, al ver mi reacción graduó la temperatura.

—No te preocupes, es el aire acondicionado.

Asentí.

—Me llamo Dorothea Weiss, llámame Thea. —dijo poniendo las manos en el volante.

Puso el carro en marcha y nos alejamos a toda velocidad.

Capítulo 22

THEA CUMPLIÓ SU promesa. Trabajé para ella y gané mi propio dinero y aprendí a leer y a escribir y dormí en mi propia cama, en mi propio cuarto. Lo que ella no dijo, fue que también me convertí en dueña de mi propio destino.

Thea vivía en una casa de mil colores en el barrio, que debe su nombre al templo de Santa Lucía. En realidad es una iglesia gótica pintada de azul al final de una hilera de casas. A pesar de tener dinero suficiente para comprar vivienda en otro barrio más exclusivo, Thea prefirió esa casa por su condición de mujer sola, ya que era preferible estar en un sitio que no fuese muy aislado en caso de necesidad.

Allí me instaló Thea, y me impresionó el contraste de la fachada con el interior. Desde afuera, la casa se veía como el resto de la cuadra, pero al entrar era algo totalmente diferente. Me imagino que Thea decidió rodearse de elementos de su tierra natal.

A nadie se le hubiera ocurrido poner un lavamanos sobre un baúl de cuero. A menos que ese alguien se llame Thea Weiss. Abrí las puerta diminutas con cuidado por temor a que saliera algún fantasma. Thea sonrió cuando le pregunté qué era la cosa esa, con patas de tigre que tenía en medio del baño.

—Es una bañera, —me explicó con ese acento que debe ser de donde nació— se llena de agua y una se acuesta.

—¿Y no te da miedo ahogarte?

—*Nein*, solo si uno no tiene cuidado. Uno se sienta y disfruta el baño caliente. Esto es muy común en Alemania por el frío.

—Sí, pero aquí no hace frío, solo en el carro tuyo hace frío.

—Cuando la pruebes, te va a encantar. —me aseguró.

La cocina era de un lujo inconcebible para mí, que solamente conocía el fogón. Armarios que colgaban de las paredes con muchas puertas, y que atesoraban una cantidad enorme de platos, pailas, sartenes y ollas de todos los tamaños.

Thea me explicó que era el estilo rústico alemán. Me confundía que en el salón de estar colgaran platos que deberían estar en la cocina y que las ventanas de su dormitorio estuvieran cubiertas de pesados tapetes, como si se tratara de un *encierro*.

A falta de chinchorro, pasé las primeras noches acostada en el suelo de la habitación que ella escogió para mí. Aquella cama era tan suave, que pensé que se abriría un hueco en el centro y me tragaría completa.

Me preguntaba qué hacía una mujer con tanto dinero sin esposo ni hijos en Maracaibo. Cómo llegó a esta tierra, pero no me atrevía a preguntarle, aunque tenía la curiosidad pintada en la cara. Un día tomando guarapo junto conmigo, me contó su historia.

En 1969 Llegué a Maracaibo. Me vine a esta tierra caliente siguiendo a Gualtiero Moretti. Un italiano hermoso que cantaba ópera y que tenía ganas de recorrer el planeta. Nos vimos un par de veces y nos enamoraron hasta las vísceras. Después de un par de besos, supe que era imposible dejarlo. Así que cuando él me propuso que lo acompañara a explorar el mundo, no lo pensé dos veces, llené lo que pude en una maleta de cuero y me escapé con el muchacho. Los dos teníamos veinte años.

Gualtiero Moretti pensó que al poner pie en Maracaibo, el público caería rendido a sus pies suplicando melodías del bel canto, no se le ocurrió pensar que en este lado del globo, muy pocos iban a preferir a un italiano dando gritos, en vez de los joropos y las gaitas.

Probó suerte y logró codearse con los más refinados de la sociedad de aquella época y las pocas actuaciones en el teatro Baralt fueron atendidas por los nuevos amigos, más por solidaridad que por verdadero interés en la ópera. Pasados unos meses, la novedad del italiano cantante se asentó y los dos pasamos al olvido.

El poco dinero que teníamos empezó a escasear, y yo, que poseo cierta nariz para los negocios eché mano de todos los oficios inútiles que me enseñaron en mi

Hamburgo natal y terminé haciendo mermeladas, tortas, y embutidos que vendía a precios bajísimos y que ganaron la aceptación casi inmediata. Expandí el negocio hacia las manualidades, bordando manteles y haciendo encajes de bolillos.

Aquello escandalizó a Gualtiero quien no apoyó mi empresa y terminó sumido en la depresión. Él no podía concebir que su destino era terminar vendiendo mermeladas de casa en casa, después de tantos años dedicados a la música. Cuanto más prosperaba mi negocio, más se hundía él en su tristeza.

Yo quise subirle el ánimo y le compré un tocadiscos para que se consolara escuchando ópera, mientras yo recorría Maracaibo y sus alrededores ofreciendo las maravillas culinarias que embotellaba en frasquitos redondos y cuyas tapas remataba con tela de cuadritos rojos y blancos.

El entusiasmo que nos llevó a embarcarnos a Maracaibo se esfumó al cabo de pocos años. Yo todavía alimentaba la esperanza de que él me pidiera matrimonio, y como nunca me lo pidió, me eché de rodillas y fui yo quien le puso el anillo al dedo.

Gualtiero pensó que me yo mofaba de su miseria y se lanzó al abandono con ímpetus de adolescente. Bebía a toda hora y no le daba descanso al tocadiscos. Dejó de salir, de comer y de alternar con el viejo grupo de amigos que en vano trató de hacer todo por alegrarlo.

"Esta tierra de salvajes no entiende mi arte" decía con los ojos en blanco.

Se volvió huraño y desconfiado y hasta insinuó en más de una ocasión que yo estaba conspirando para envenenarlo.

Él mismo puso fin a su miseria el día que lo encontré tirado en el piso con las venas abiertas, mientras Giuseppe Verdi sonaba a todo volumen en el salón de estar.

—Dijo Thea, apretando los labios para reprimir las lágrimas.

—¿Por qué no regresaste a tu país? —me atreví a preguntarle y ella continuó el relato.

Gualtiero fue el motivo por el cual dejé todo en Alemania. La posibilidad de volver a mi tierra natal estaba descartada y era él con quien yo hubiera querido tener todos los hijos que Dios hubiese querido mandarme. Muchos se rieron cuando me escucharon decir que nunca más tendría a un hombre, pero creo que me gané el respeto de la gente del pueblo, cuando el tiempo pasó y cumplí mi promesa.

Decidí quedarme, y hasta el sol de hoy no he tenido otro hombre ni tampoco excusa para no llevar flores a su tumba.

Me pareció que era la primera vez que Thea le contaba esas cosas a alguien, luego lloró y no supe consolarla, porque aprendí a los golpes a tragarme las lágrimas. Quise poner mi mano sobre la suya, pero la impresión de su historia me paralizó.

Luego me confesó que al verme en la trastienda del tenderete de la señora Meche, sintió de golpe la responsabilidad de darme todo lo que la vida me había negado.

También me dijo que ella tuvo la percepción sobrenatural de que yo era la hija que nunca tuvo y se le ocurrió lo de comprarme, porque no se hubiera atrevido a salir del tenderete si yo no me venía con ella.

—A ver... ¿Cuál es tu historia? —me preguntó entre lágrimas.

—¿Mi historia? —aquella pregunta me agarró de sorpresa, ya que nadie se había interesado por mi vida. Ni siquiera la señora Meche.

—Sí.

Le conté mi historia y Thea lloró otra vez.

Ella quiso enseñarme a hablar alemán, pero mi único talento era tejer alfombras, combinar colores, plasmar en la tela las imágenes que mi abuela *piache* me soplaba en los oídos a través de los sueños y ella al ver que yo no hacía progresos, aunado a la poca utilidad práctica de semejante empresa, terminó enseñándome otras artes de *alijuuna* y con cada cosa nueva que aprendía, disfruté lo que era volver a sentirse *Wayuu*, que en mi lengua significa persona.

Capítulo 23

THEA ERA LA dueña de *"Dorotea - Rincón Artesanal"*, una pequeña tienda de artesanías que estaba situada en vestíbulo de un hotel de alcurnia en la Avenida El Milagro. Esto distaba mucho del tenderete polvoriento de la señora Meche. Aquí no había el ruido de carros tocando corneta a toda hora. El piso de la tienda estaba cubierto por una alfombra marrón pálido que no me dejaba oír mis propios pasos. En el centro de la tienda, había una mesa de madera rústica donde Thea exhibía bolsos de lana, frascos de mermelada y miel, sábanas primorosamente dobladas, animales de colores brillantes tallados en madera. Los tapetes a la venta estaban tendidos en un rincón de la tienda, y en el rincón opuesto a los tapetes, colgaba una primorosa hamaca *Wayuu* tejida a mano.

Le pregunté a Thea por qué le había quitado la "h" a Dorotea del cartel de afuera.

—Para darle al negocio un nombre más local —me explicó encogiéndose de hombros.

Ella acondicionó lo que antes era su propia oficina con un *anüülü*, que entre los míos significa telar para que yo me dedicara a trabajar con los tapetes.

Gracias a *Mareygua*, nuestro creador, Thea nunca dictó lo que yo debía tejer, ya que ella no quería faltar a la promesa que hizo el día que me salvó de las garras de la señora Meche y porque de todos modos, ella logró vender todo lo que producíamos.

La voz de "Los Tapetes de Yonna" se fue corriendo entre los turistas que se alojaban en el hotel y los encargos crecieron a tal punto, que yo sola no me daba a basto para cubrirlos y en más de una ocasión, me hubiese gustado un par de manos extra que pudieran ayudarnos.

—Yonna, creo que necesitamos un par de tejedoras, ¿no te parece? —me comentó Thea, mientras tomábamos una taza de café al final del día.

—Estoy de acuerdo, —le dije sonriendo.

—¿En serio? —me preguntó Thea, parecía sorprendida.

—Bueno, desde hace algún tiempo he venido pensando que una ayudita, no nos caería mal... —Le contesté temerosa de haberla ofendido.

—¿Por qué no me lo dijiste antes?

—Me imagino que porque no quería abusar de tu generosidad. —le dije rascándome la cabeza.

—¿Después de doce años viviendo y trabajando conmigo, tienes miedo de abusar de mi generosidad? Tengo dos candidatas, y estoy segura de que nos va a ir bien con ellas. —dijo Thea con aire resuelto.

Doce años habían pasado. Aprendí a quedarme acostada en la cama, sin temor a que el colchón me fuese a tragar. Descubrí que una puede dormir toda la noche, como cuando era niña.

Thea me enseñó a leer, a escribir, a usar los cubiertos y pude disfrutar de largos baños en la tina, no solo para relajarme, sino también para lavar viejos agravios y mi *piache* se fue por fin a *Jepira,* el lugar *Wayuu*, donde los muertos descansan en paz.

Nunca fui a la escuela, aunque Thea trató de convencerme, ya que, al llegar al portón y ver la masa de gente que entraba y salía, empezaba a temblar y salía corriendo de vuelta a la casa de la Avenida El Milagro.

Si toleré la tienda fue porque me encerraba en el salón del telar mientras Thea se encargaba de los clientes.

Thea contrató a dos hermanas *Wayuu* del clan *Zapuana,* cuyo animal es el alcaraván. Me pareció buen augurio porque *zapuana* trae la lluvia que es cosa buena en nuestras tierras áridas. La idea era que las dos aprenderían mi técnica, lo que fue tarea fácil. Ellas ya sabían tejer, eran curiosas y trabajaban tan duro como Thea y yo.

Thea me llevaba en las mañanas, y mientras las *zapuanas* se dedicaban a tejer, yo me encargaba de jugar con los materiales y crear nuevos diseños. Así concebí la idea de tapices con hilos de seda trenzado con hebras de lana y retazos de satén, que se hicieron muy populares.

Los días duros eran cuando Thea salía comprar materiales para nosotras, porque yo debía hacerme cargo de la tienda y yo no me terminaba de acostumbrar a la presencia de extraños. Para distraerme, me ponía a arreglar la mercancía, lo bueno era que a esa hora no esperábamos muchos clientes.

—Buenos días. —era la voz de un hombre, un *alijuuna*.

—Buenos días —respondí de rodillas.

Lo vi moverse por la tienda en busca de la voz y al encontrarme se paró en seco. Me miró directo a los ojos, lo que me pareció un rato largo. Sentí algo frío en el estómago, algo parecido al miedo, pero había algo en sus ojos verde cactus que me hizo sostenerle la mirada.

Respiré profundo y retuve el aire en los pulmones un par de segundos.

—¿Qué desea? —atiné a preguntar y sentí que el rubor me calentaba las mejillas.

Él apuntó con el pulgar hacia algún objeto detrás de él, pero no dijo palabra. Traté de ver qué era lo que el visitante quería.

—El bolso —dijo, pero "el" sonó largo, como si las palabras se negaban a salir.

—Ah, ¿ese bolso? —dije apuntando a unas mochilas tejidas en varios tonos de marrón. —Se están llevando mucho, ¿quiere que lo envuelva en papel de regalo?

—Sí, por favor. Es para mi mamá. —explicó él.

—Enseguida.

Las manos me empezaron a temblar y terminé rompiendo dos veces el papel de regalo. La tijera se cayó al piso y cuanto más sentía el escrutinio del comprador, más torpe se volvían mis movimientos.

—Déjame ayudarte con el papel —me dijo el hombre en voz baja y percibí el roce de su mano como una descarga eléctrica.

—No es necesario —le aseguré, pero él insistió.

Tomé aire y concentré toda mi atención en forrar el regalo una vez más. Nuestros dedos se tocaron un par de veces y las mejillas se encendieron como la llama de una hornilla. Se lo entregué cuando estaba listo y ya estaba a punto de correr hacia el telar.

—¿No vas a cobrarme el regalo?

—Oh, sí claro. —no pude evitar reírme.

Lo escuché reírse también, alcé la mirada y sus ojos estaban clavados en mi boca.

—Debo regresar a trabajar —murmuré.

—Me llamo Daniel —dijo extendiendo la mano— y vivo en este hotel.

—Ajá, —le di la mano y asentí con la cabeza. Su mano era tibia y suave, firme.

Me sentí como una idiota, ya que quise decirle mi nombre, pero lo único que me salió fue el *ajá*. Me dieron ganas de llorar, por mi estupidez y porque pensé en *jayeechi* los cantos de amor.

—¿Y tu nombre es...? —me preguntó sacándome del abismo.

—Yonna, —me oí decirle.

—Gracias, Yonna.

Tomó el regalo, fue un alivio verlo desaparecer de la tienda, pero el corazón quería salirme por la boca.

THEA

—*LIEBE*, TU MAMÁ DEBE estar muy feliz de tener un hijo como tú. ¡Mira cuántos regalos! —le dijo Thea al joven con cierta ironía, al notar que venía a menudo a comprar a la tienda.

Primero vino a comprar una alfombra, luego un bolso, la tercera vez un par de mantas guajiras, si mal no recordaba la alemana. Luego descubrió que su interés no estaba en la mercancía, ya que, mientras hablaba con ella, el muchacho echaba vistazos por encima de su hombro, en dirección al telar.

—Sí, creo que mi mamá está orgullosa de mí. Ella me pidió que comprara toda la artesanía local que pudiera —comentó él distraído.

—¿Algo más? —le preguntó ella aguantando las risas. Le divertía la cacería que el muchacho le tenía montada a Yonna.

—No, no.

—¿Usted es de Austria? —preguntó él.

—Alemania, ¿por qué?

—No, como me dijo *liebe*...

—Ahh, estoy segura de que tú sabes lo difícil que es olvidar la lengua materna. ¿Y tú, de donde vienes?

—Yo soy danés —dijo.

Por lo corto de la respuesta, Thea no le preguntó más, ya que le pareció que no él tenía muchas ganas de hablar de sí mismo. El joven pagó la mercancía y ella lo observó marcharse de la tienda con paso apurado.

Al verlo salir de la tienda, la mujer se fue al telar y encontró a Yonna caminando de un lado a otro, mientras se estrujaba las manos.

—¿Criatura, porqué no saliste?

—¿Yo? —preguntó Yonna con expresión de asombro—. No tengo nada que buscar allá afuera —dijo volviendo a la pieza que estaba tejiendo.

Thea estaba segura de que a Yonna no le molestan las atenciones del hombre. Lo que pasaba es que ella se sentía torpe. Tantos años viviendo en el mismo techo con ella, no la engañan. Yonna no quería que él la escuchara tartamudear.

«El extranjero le robó calma a mi Yonna», pensó Thea.

Ahora Yonna se queja de sentir frío en el estómago. Del tiro, perdió el apetito, luego le dieron fiebres que la postraron en la cama tres días sudando y llorando y no decía por qué, pero Thea, sí conocía la razón. Aquel hombre se le metió en los sueños a la joven.

Trató de sacarle información a la muchacha, pero al no obtener resultado, Thea le preguntó a las *zapuanas*. Fue a través de ellas que se enteró de que el *alijuuna* no le quitaba los ojos de encima a Yonna. Lo habían visto muchas veces merodeando por la tienda ya no interesado en la mercancía, sino esperando la oportunidad para mirarla, aunque fuese un segundo.

A Thea se le metió en la cabeza que Yonna pensó que ella haría cualquier cosa para espantar al *alijuuna*. Nada más lejos de la realidad, ya que a la alemana, le encantó el muchacho y cuando él se fue triste de la tienda porque no había visto a la joven, decidió confrontarla.

—*Liebe*, ¿a ti te gusta el hombre que acaba de salir?

—Sí, —murmuró Yonna abriendo los ojos como si se le iban a salir de las cuencas. Se llevó las manos a la boca.

—Hijita, si te gusta el hombre, tienes que salir del telar, ¿no te parece?

—Me pongo nerviosa y se me caen las cosas... —argumentó la muchacha sin dejar de mirarse las manos.

—Disculpen, —dijo una voz de hombre desde el umbral. Yonna y Thea se volvieron hacia la puerta y allí estaba el *alijuuna* cargando el paquete que había comprado unos minutos atrás. Yonna se paró detrás de Thea, usándola como escudo.

—¿Señora, usted me permite que salga con su hija?

Thea lo tomó del codo y lo acompaño fuera del telar, cerrando la puerta tras de sí.

—En realidad Yonna no es mi hija, pero es como si lo fuese —le confesó.

Ahora las *zapuanas* se asomaban desde la trastienda, los miraban y cuchicheaban entre ellas.

—Se acabó el circo, —anunció Thea fingiendo estar molesta.

—Y tú, ¿qué es lo quieres con Yonna? —inquirió Thea preocupada por la respuesta, ahora que sabía que Yonna probablemente estaba enamorada de él.

—Yo la quiero en serio. —confesó él sosteniéndome la mirada.

A Thea la desarmó la carga de sinceridad del joven.

—Sé que Yonna vive con usted, que no está casada y sé que yo le gusto. Me lo dice el corazón. —agregó Daniel, sin trazos de sentimentalismo— Estoy dispuesto a esperar lo que haya que esperar y a usted le pido que no se oponga. Si ella me corresponde, no va a ver nada en este mundo que interfiera entre nosotros, ¿estamos claros? —remató el joven con mirada fija.

—*Liebe* Daniel, me alegra mucho que esas sean tus intenciones, porque si le haces daño a Yonna, no va a ver nada en este mundo que se interponga para que yo te rompa las bolas, ¿estamos claros? —le dijo Thea con toda la gravedad del caso.

El muchacho soltó una carcajada. —pero Thea observó que al joven le temblaba la quijada.

—Otra cosa, a Yonna no la enamoras llevándola al cine... —le advirtió.

—¿Me va a ayudar?

—Por supuesto, pero no por ti, sino por ella.

—¿Qué tengo que hacer para que Yonna salga conmigo? —preguntó el joven mirándola por encima del hombro, con la esperanza de que la muchacha saliera del telar.

—Tienes que ganarte su confianza, pero primero me cuentas tu historia.

—¿Toda? —preguntó el joven alzando la ceja.

—¿Algún problema? —inquirió Thea poniendo los brazos en jarra.

Capítulo 25

DANIEL

DURANTE EL OTOÑO de 1943, en un pueblito al sur de Suecia, el lutier Ari Kreutzer fue a refugiarse huyendo de la Gestapo. Fue un viaje de apenas 5 KM, que hizo camuflado en un bote de pescadores que zarpó de Copenhague hasta Oeresund. Al entrar en Suecia, Ari obtuvo permiso de residencia e hizo contacto con otros judíos en su misma condición.

—¿Lutier? ¿Tu abuelo fabricaba violines? —le preguntó Thea escéptica.

—Sí, pero él fue el único de la familia que se dedicó a fabricar instrumentos, —respondió Daniel, y siguió con el relato.

—Ari conoció a Ruth, y cuando las fuerzas de ocupación alemana salieron de Dinamarca, los dos regresaron a Copenhague y allí se casaron. Esos son mis abuelos.

—¿Y tus padres? —Thea quiso saber.

—Ari y Ruth tuvieron dos varones, mi papá que se llama Daniel como yo, y mi tío Aaron, que desapareció sin rastro. No tengo los detalles, porque yo estaba pequeño cuando ocurrió. —se adelantó a decir, en caso de que la mujer quisiera hacerle ahondar en el asunto— Mi papá se casó con Anne-Marie, mi madre.

—¿Dónde están ellos?

—En Dinamarca.

—¿No tienes hermanos?

—Sí, una hermana que se llama Ruth.

—¿Puedo preguntar qué hace Ruth?

—Ella trabaja en un preescolar y le encanta la fotografía.

—¿Y tú?

—Soy ingeniero y trabajo como asesor en la Gerencia de Operaciones en El Tablazo, ya tengo tres años viviendo aquí.

—Estás un poquito lejos del Tablazo, ¿no te parece?

—Es menos de una hora en avión. —argumentó él.

—Hablas muy bien español...

—Tomé unas sesenta lecciones de español en Copenhague y luego me pagaron el resto de los cursos cuando llegué aquí.

Una sensación incómoda le fue creciendo en el estómago, por la forma como la mujer le preguntaba. Casi poniendo en duda sus intenciones.

—¿Estás de vacaciones? Pasas bastante a menudo por la tienda... —comentó Thea con un dejo de ironía, que al modo de ver de Daniel, era totalmente innecesario.

«Es obvio que ande rondando la tienda, si quiero conocer a Yonna...», pensó, y hasta quiso contestarle, pero eso hubiera puesto una barrera entre ellos. Daniel optó por la vía diplomática.

—Lo que pasa es que no me han renovado el contrato. —Hizo una ligera pausa— Perdón, sí me lo renovaron pero solicité unas correcciones y los papeles no llegaron a tiempo al departamento jurídico. El antiguo contrato se venció y como las correcciones no estaban listas, me sacaron de todos los sistemas. Estoy esperando que eso se arregle para volver. Es segunda vez que pasa.

—¿Eres casado?

—¡No, por Dios! —exclamó exasperado— ¿me podría dar agua?

—Sí, sí, claro. Disculpa mis modales, —dijo Thea como si la hubiesen despertado de un largo sueño.

Thea llamó a una de las *zapuanas* y le pidió agua para Daniel. La muchacha se alejó asintiendo y regresó minutos después con una jarra de agua y dos vasos de vidrio. Colocó todo sobre el mesón, al lado de la caja registradora y desapareció en la trastienda.

—¿Y eso que no te has casado?

—Me imagino que no he conseguido a la mujer ideal.

Las *zapuanas* salieron de la trastienda y anunciaron que habían terminado la jornada del día. Thea le hizo señas a Daniel a que esperara un minuto mientras ella se despedía de las jóvenes. Al terminar, las *zapuanas* salieron de puntillas para no seguir interrumpiendo. En eso entró alguien que quería saber si había alguna farmacia cerca.

Mientras esperaba, Daniel se preguntaba, por qué Yonna nunca salía del telar, ¿por qué se esconde del mundo?

—¿Pero has tenido otras novias? —preguntó Thea reanudando el interrogatorio.

«Eso no es problema suyo», —pensó Daniel y suspiró profundo.

—Sí, éramos muy jóvenes y las relaciones que tuve nunca terminaron en algo concreto. —confesó forzando una sonrisa.

—¿Qué te hace pensar que Yonna es la mujer correcta?

—La verdad, no lo sé. Eso es lo que quiero averiguar. Lo que veo en Yonna es modestia y desapego. Además, Yonna tiene mucho talento, nunca he visto manualidades como estas, —agregó Daniel mientras alzaba la bolsa con lo último que había comprado en la tienda.

—¿Cómo?

—¿Cómo que cómo? —preguntó Daniel.

—Tú dices que Yonna irradia modestia y desapego...

—Quiero decir, ella casi siempre anda descalza, no se pone joyas, usa la túnica guajira. —se aventuró a decir— Quizá es porque Yonna no se esfuerza, ella es increíblemente bella sin estar consciente de serlo.

De repente, Yonna abrió la puerta del telar y se unió a la conversación.

—Disculpen...

—No, es nada —dijeron Thea y él al unísono.

Daniel sintió hielo en el estómago y tomó una bocanada de aire que retuvo unos segundos. Él quiso atrapar los ojos de Yonna, pero ella se dirigió a Thea.

—¿Cuándo nos vamos a casa? —preguntó y Daniel tuvo la oportunidad de apreciar el contraste de sus ojos cobrizos con el cabello negrísimo que caía más abajo de los hombros.

—Es mi culpa... —se disculpó él.

—¿Por qué no vienes a cenar con nosotras? —interrumpió Thea.

A Daniel le sorprendió la propuesta, ya que a juzgar por el interrogatorio a que lo había sometido, él pensaba que sería la última vez que pondría los pies en la tienda.

—No quisiera molestarlas... —mintió.

—Sería un placer —dijo Yonna sonriendo.

Ahora las mariposas le revoloteaban con furia en las entrañas. Aceptó la invitación y le rogó al cielo que a Thea no se le ocurriera preparar el temido *Sauerkraut.* Bajó la cabeza al imaginarme el plato lleno de coles amargas tan popular en Alemania.

Acordaron que ellas se irían adelante y que Daniel las alcanzaba en un par de horas, para darles tiempo a cocinar los platillos de la cena.

Él, por su parte no quería presentarse con las manos vacías y tenía el cuerpo sudado de andar merodeando por Maracaibo todo el día. Subió a su habitación, se echó un baño rápido y cuando estuvo listo, salió en busca de una floristería.

Caminó un par de cuadras, sin mucha suerte y cuando ya estaba a punto de buscar algo alternativo para llevar, consiguió una venta de flores escondida detrás de un quiosco de revistas. Al entrar, una mujer hizo señas de que estaban a punto de cerrar, pero al ver la cara desamparo que Daniel le puso, decidió ayudarlo. Daniel le encargó un buqué de rosas blancas y rojas y la vendedora recomendó que le pusiera flores de verbena morada. A él le pareció exagerado, ya que las flores se amontonaban como un racimo de uvas y además tenían los tallos gruesos, pero la mujer tomó unas hebras de verbena blanca, según le explicó, y lo fue amarrando todo que luego envolvió en papel celofán. El último toque fueron unas cintas de lazos, cuyos extremos, la mujer rizó con el filo de una tijera.

Daniel se alegró de no haber protestado, ya que el resultado excedió sus expectativas. Nunca se imaginó que a esa hora pudiese conseguir una tienda abierta. Le dio una bien merecida propina a la mujer y se apuró a la cita.

Capítulo

26

DANIEL

TOCÓ LA PUERTA de la casa de mil colores, y mientras esperaba a que abrieran, le echó otro vistazo al ramillete de flores. Se pasó la mano por el pecho, como para alisar la camisa, que estaba impecablemente planchada, gracias al personal del hotel y aunque estaba satisfecho con su apariencia, el corazón le latía con furia.

«Una Carlsberg bien fría no me caería mal», —pensó.

Yonna le abrió la puerta y le dieron ganas de besarla. Se imaginó por un segundo que la joven era su esposa y venía a recibirlo después de un largo día de trabajo.

—Buenas tardes —se oyó decir, tratando de empujar las palabras a través del muro de arena que sintió en la garganta.

—Bienvenido —dijo la beldad haciéndose a un lado para dejarlo pasar.

Daniel le entregó el ramo de flores, que ella estudió, luego alzó los ojos y sonrió.

—*Jeyutse*, —dijo Yonna despacio— flores de verbena, ¿sabía usted que, entre nosotros, la verbena es considerada una planta sagrada? —comentó ella mirándolo directamente a los ojos.

Él sintió las rodillas debilitarse. «cálmate imbécil», —se amonestó.

—No, pero me alegro de la coincidencia, ¿qué es lo que la hace una planta sagrada? —atinó a preguntar, mientras ganaba un poco de compostura.

—Cura muchas enfermedades, pase por favor.

—Entro con la condición de que no me sigas llamando: "usted".

—Está bien, —dijo la joven sonriendo y luego bajó la cabeza.

Yonna lo condujo por un pasillo de baldosas y Thea salió a recibirlo.

—¡*Liebe* Daniel, pasa adelante!

Yonna le mostró a Thea el ramo de flores y cuando ella se fue a buscar un jarrón donde ponerlas, Thea le hizo un guiño a Daniel en señal de aprobación.

—Así se hace muchacho.

Luego siguieron hasta la cocina, lo que le recordó las cocinas rústicas de Escandinavia. El olor a paella le dio la bienvenida.

«Gusto exquisito», —reflexionó Daniel al observar la decoración.

—¿Has probado la comida W*ayuu*? —Le preguntó Thea.

—Nunca, pero estoy abierto a las posibilidades…

—No te asustes, creemos que te va a gustar, ¿no es así Yonna? —dijo Thea con la intención de hacerla hablar.

—Sí —respondió Yonna de espaldas, mientras arreglaba las flores.

Yonna llevaba una manta guajira blanca que acentuaba el color bronce de su piel, la masa espesa de cabellos estaba recogido en una trenza y unos aretes blancos eran el único adorno. Cuando alzaba los codos, sus pies descalzos se asomaban por los bordes de la túnica.

—¿Puedo ayudar en algo? —preguntó Daniel tratando de enfriar sus pensamientos.

—Yonna, Daniel te puede ayudar a poner la mesa, ¿no te parece? —Sugirió Thea sonriendo.

La chica enrojeció.

—Sí, por supuesto.

Ella salió de la cocina y volvió a los pocos minutos con un mantel doblado en la mano.

—Ven, vamos a poner la mesa. —lo invitó ella con un ligero movimiento de cabeza.

Daniel la siguió en silencio por el pasillo y entraron a un salón imponente. El marco del umbral que separaba el comedor del salón, estaba hecho de madera rústica simulando un tronco barnizado. En el centro de la estancia había una mesa rectangular de ocho puestos. Las paredes estaban pintadas de blanco y había una alfombra rústica de tonos marrones que no era del estilo *Wayuu*. El salón lo iluminaba una lámpara de pantalla anaranjada que colgaba directamente del techo.

En el fondo había una vitrina que exhibía una colección de copas de cristal y partes de una vajilla. Yonna y Daniel extendieron el mantel sobre la mesa y luego ella se volteó hacia la vitrina, de donde sacó tres juegos de platos para ponerlos sobre la mesa.

Yonna explicó en el orden que debía ponerlos y mientras él se entregaba a la tarea que le habían encomendado, la muchacha abrió una gaveta y sacó un juego de cubiertos que le entregó a Daniel, con unas breves instrucciones de cómo debía colocarlos lado de los platos.

Ella desapareció por el pasillo y en cuestión de segundos reapareció con las flores que Daniel le había regalado y las colocó sobre la mesa, luego dio unos pasos hacia atrás para observar todo, y con una sonrisa aprobó el trabajo.

—¡Faltan los vasos! —exclamó ella llevándose las manos a la cabeza.

Al alzar los brazos, Daniel no pudo evitar admirar la deliciosa curva del pecho, por lo que desvió la mirada, temeroso de que ella lo pescara en falta.

Afortunadamente, Yonna no pareció notar la imprudencia. Tomó las piezas que hacían falta y las fue colocando en silencio. En eso llegó Thea portando una bandeja con tres langostas sobre una cama de hojas de lechuga y rodajas de tomate que puso en el centro de la mesa. Yonna se apuró a mover las flores a un lado.

—¡Wow! —exclamó Daniel al ver la bandeja y se percató de que no había comido nada desde el desayuno.

Thea sonrió y se devolvió a la cocina.

—¿Qué te parece? —le preguntó Yonna.

—Estoy seguro de que me va a gustar.

Thea regresó con lo que parecían dos ensaladeras.

—¿Conoces los tostones? —le preguntó Thea.

—Sí, los he comido con pescado frito.

—¿Y el arroz *warepo*? —preguntó Yonna.

—No lo conozco, pero se ve apetitoso.

—Vayan tomando asiento —anunció Yonna, mientras le quitaba el delantal a Thea, luego salió rumbo a la cocina. A los pocos instantes, la muchacha regresó con una botella de vino blanco que le extendió a Daniel, junto con un sacacorchos.

Las damas le indicaron a Daniel que se sentara en la cabecera de la mesa.

Probaron el arroz *warepo* y le supo de maravillas, ya que era muy parecido una paella, pero lo único que lo adornaba era el color amarillo, y unos caracoles diminutos. Yonna contó que ese era el arroz de los pobres y que los *warepos* lo usan los pescadores como carnada.

Rieron, comieron, Thea le pidió a Daniel que repitiera su historia y él notó que Yonna escuchaba con genuino interés. Él, por su parte, disfrutó la visión de esa hermosa *Wayuu* tomando vino blanco y se rio de sí mismo, ya que creyendo que era él quien la iba a tener rendida a sus pies, fue él quien terminó cayendo de rodillas.

El corazón no lo engañaba, Daniel estaba sentado a la derecha de la mujer que quería hacer su esposa y hubiera dado la vida entera por quedarse con ellas. También le agradeció al cielo que una mujer como Thea, se había hecho cargo de la joven. Se veía que Yonna había aprendido un sin fin de artes de salón que a no ser por el contacto con alguien como Thea, ella jamás hubiera tenido la oportunidad de cultivar.

Eran casi las diez y media cuando él decidió volver al hotel. Les agradeció la hospitalidad y Yonna lo acompañó hasta la salida.

—Gracias —fue lo único que dijo y lo abrazó.

Daniel sintió el cuerpo de la joven palpitar entre sus brazos. Fue un instante, como un destello, pero él no quería asustarla, y por eso no se atrevió a darle un beso.

Capítulo

27

DANIEL

EL TIEMPO PASABA y Daniel no recibía noticias acerca de su contrato en la refinería, lo que le parecía muy conveniente, ya que así tenía tiempo de ir a la tienda y estar con Yonna. Ahora cenaban a menudo, aunque él se vio en la necesidad de declinar la invitación un par de veces, ya no por falta de ganas, sino por mesura.

Poco a poco Daniel logró que Yonna saliera de la tienda a caminar por los alrededores del hotel, pero los avances que habían logrado, se fueron al traste una tarde de lluvia. Habían salido a caminar por los jardines del hotel y ya de regreso a la tienda de artesanías, llegó una ola de turistas que iba a registrarse en el hotel, que en el apuro, y para no mojarse las ropas, entraron al vestíbulo como una manada de búfalos.

El tumulto de gente hizo que Yonna entrara en pánico y terminó refugiándose en el pecho de Daniel. Él, casi tuvo que llevarla a rastras hasta la tienda, ya que paralizada de terror como estaba, Yonna no se atrevía a mover un músculo. Cuando la masa de turistas se dispersó a sus habitaciones, Yonna entró a la tienda y corrió directo al telar sin saludar a nadie.

Thea que estaba cerca de la caja registradora, le echó una mirada incendiaria a Daniel, creyendo que él era el responsable.

—Creo que es hora que me vayan diciendo qué es lo que pasa. —le dijo a Thea sin poder ocultar su frustración.

—Que sea ella quien te lo cuente, Daniel. Lo único que te puedo decir, es que tú eres el único que ha podido sacarla del encierro. —dijo Thea con ojos húmedos— Me preocupa, ya que el día que yo me muera no sé cómo va a hacer...

—Por favor, no digas eso, —le dijo Daniel tocando brevemente sus manos— me imagino que cuando Yonna esté lista, me dirá qué es lo que pasa. —mejor será que me vaya, creo que ella necesita estar sola.

—Sí, Daniel es lo mejor, pero prométeme que vas a venir mañana.

—Seguro. —dijo él bajando la cabeza.

Daniel se despidió y salió de la tienda con una sensación de incertidumbre que le tumbó el ánimo. Se dirigió a la recepción para recoger la llave de su habitación y la recepcionista le entregó una nota.

Era un mensaje del Tablazo, debía presentarse lo antes posible. Se devolvió a la tienda y le comentó a Thea que mañana volaría hacia el Tablazo y que lo más seguro era que el viernes en la noche estaría de vuelta.

—¿No te vas a despedir de Yonna?

—¿Crees que quiera hablar conmigo?

—No sé, prueba a ver.

Las *zapuanas* estaban asomadas en la puerta y cuchicheaban entre ellas. En lo que lo vieron acercarse a la oficina donde está el telar, ambas desaparecieron por la trastienda.

Daniel golpeo con los nudillos, y abrió la puerta sin esperar a que Yonna respondiera.

Cuando entró la encontró sentada en el banco de trabajo al frente de un tapete a medio hacer. Tenía los ojos inyectados de sangre y la nariz roja de tanto estrujársela con la bola de papel arrugado que tenía en la mano.

Daniel se acercó a ella y le acarició el contorno de la quijada.

—Disculpa que te asusté —atinó a decir.

Ella bajó la cabeza sin decir mucho. —Yo no tengo miedo contigo— murmuró con los ojos clavados en el suelo.

—Me alegra escucharlo. —dijo tomándole la mano— Yonna, acabo de recibir mensaje del trabajo. Al parecer se arregló lo de mi contrato y debo viajar mañana en el primer avión. —al escuchar la noticia Yonna subió la cabeza y me miró directo a los ojos. Me pareció que quiso decir algo, pero apretó los labios y bajó la cabeza. —Si no vengo mañana, regreso viernes por la noche.

—No te culpo si no quieres volver. —Dijo Yonna sin alzar la mirada.

—Yonna, si no vengo mañana, cuenta con que estoy aquí el viernes, ¿Okay? —le dijo Daniel tomando su rostro con suavidad, para hacerla mirarlo a los ojos.

Sus caras estaban a milímetros de distancia y así estuvieron unos segundos. Daniel se acercó despacio y le rozó la boca con los labios.

Lo desarmó con su sonrisa, y por primera vez, los dedos Yonna jugaron con su rostro. Daniel hubiese dado cualquier cosa por prolongar ese instante, pero la realidad del viaje del día siguiente lo obligó a romper la magia.

—Debo arreglar un montón de cosas en la habitación. Si no vengo mañana, nos vemos el viernes —anunció, levantándose despacio y caminó en dirección a la salida.

—Que tengas un buen viaje —murmuró ella.

A esa distancia, Yonna le pareció desvalida, diminuta.

—Yonna, regreso el viernes a más tardar y quiero que estés preparada para decirme qué es lo que pasa. Yo quiero ayudarte —le aseguró él desde la puerta.

Yonna se levantó de un salto y corrió hacia él, cerró los brazos alrededor de su cuello y escondió la cara en su pecho, —vuelve— le suplicó.

En otras circunstancias, el abrazo de Yonna hubiese despertado la llama que Daniel había venido apagando todo este tiempo con baños helados, pero la impresión de ver a Yonna reaccionar ante los turistas como lo hizo, estaba viva en su memoria.

Daniel la abrazó unos instantes más y luego salieron del telar agarrados de la manos. Thea sonrió al verlos. Yonna lo acompañó hasta la entrada de la tienda y despidieron rozando brevemente los labios.

Capítulo 28

DANIEL

AL LLEGAR AL Tablazo, el tiempo se detuvo. A Daniel le hubiese gustado escurrirse en una de las oficinas y llamar a Maracaibo para saber de Yonna, pero su ausencia había sido tan larga, que no le pareció prudente.

Lo habían convocado, ya no para renovar el contrato, sino para rescindirlo. La petroquímica había decidido cerrar dos mega proyectos: uno en la planta de gas licuado y el otro en la planta de olefinas, donde Daniel estaba asignado, con el resultado de que despidieron diecisiete consultores internacionales.

En cierta forma Daniel se sintió como un criminal, ya que, al final de la jornada, los convocaron a una reunión de última hora para informarles de la decisión. Les pidieron las tarjetas de acceso, llaves y cualquier material que la gerencia considerara vital para las operaciones de la planta. También les recordaron la cláusula de confidencialidad que firmaron al iniciar el contrato.

De consolación, les dieron seis meses de sueldo y la promesa de que si los necesitaban, los iban a contactar. También les asignaron un escolta para asegurarse de que salieran de las instalaciones sin llevarse material de la empresa. Después del anuncio, no los dejaron ni acercarse sus colegas.

Ahora que nada lo detenía en el Tablazo, Daniel se fue al apartamento a recoger lo poco que quedaba allí y regresar a Maracaibo.

AL ABRIR LA puerta, fue directo al dormitorio. Daniel se percató de que alguien había estado allí, revolvieron las cosas que tenía en la maleta que había dejado sobre la cama, pero no se llevaron nada. Todo estaba limpio, no había polvo sobre ninguna superficie por la que pasó los dedos.

Abrió las gavetas de la cómoda y fue sacando todo; pares de medias, ropa interior, sus CD *Riding With The King*, *Behind the Sun*, *The Lost Tapes, Beefeaters* y *Muddy The Wolf.* Daniel miró debajo de la cama y sacó un par de zapatos de goma, un montón de ediciones viejas de la revista *American Chemical Society Journal.* Las apiló todas y las colocó sobre la cómoda para que la señora de la limpieza las botara.

De la gaveta de la mesita de noche pescó un viejo ejemplar de Malcolm Gladwell, y le divirtió la ironía de su situación cuando tomó *The Five Dysfunctions of a Team,* dada la manera como lo acababan de despedir.

Miró en el armario, pero no había mucho, solamente un par de sacos que colgaban de los ganchos cubiertos con bolsas plásticas.

Entró al baño y al tratar de encender la luz, el bombillo reventó con un ligero *puf.*

«Ya no es mi problema», —pensó.

No había mucho que recoger, ya que todos sus efectos de perfumería estaban en el hotel de Maracaibo. Solo quedaba una lata de espuma de afeitar, un par de *Gillettes* desechables sin abrir y un desodorante *roll-on.*

Cerró las maletas y las sacó de la habitación. Cuando estaba a punto de cerrar la puerta, advirtió los afiches que trajo consigo de Dinamarca. Eran dos ejemplares anunciando los conciertos en *The Checkerboard Lounge* y *Voters Club* de Muddy Waters que Ruth y su mamá compraron en *E-bay* y los mandaron a enmarcar. Eran el regalo de despedida que ellas le dieron cuando se embarcó por primera vez rumbo al estado Zulia. Los bajó de la pared. Cerró todo y metió la llave en el buzón de la recepcionista con un breve mensaje notificando que renunciaba al apartamento.

Al llegar al aeropuerto de Cabimas, se enteró de que, para volar a Maracaibo tendría que esperar dos días. Como no estaba dispuesto a aguantar tanto tiempo en esa ciudad fantasma, y ahora sin lugar donde vivir, decidió rentar un carro y manejar las once horas de camino que lo separaban de Yonna.

Capítulo 29

DANIEL

APARTE DE QUE el aire se enfría, manejar de noche en el estado Zulia tiene muy pocas ventajas. Es una carretera oscura, polvorienta y peligrosa. Afortunadamente, el carro no se averió y cuando Daniel estuvo demasiado cansado para continuar, se detuvo en una hostería llegando a Santa Bárbara.

Daniel se tiró en la cama con la ropa que llevaba puesta y se quedó dormido. A la mañana siguiente, lo despertaron unos toques en la puerta. Era la dueña, que estaba preocupada porque ya eran las doce y media del día y él no había salido de la habitación.

Sentía el cuerpo de plomo, se quedó un rato largo bajo la ducha y cuando estuvo listo, fue al comedor con la esperanza de almorzar antes de continuar el viaje. Tenían unas arepas duras que quedaron del desayuno y una pasta con salsa *bologna* que le quitó el hambre por las islas de grasa anaranjada que flotaban en la superficie. Daniel tuvo que pagar el día extra, ya que según el reglamento, debió haber salido de la habitación a las nueve treinta.

Llenó el tanque de gasolina en la primera estación de servicio que encontró y rodó sin pausas hasta llegar a Maracaibo. Cuando llegó al hotel, dejó lo poco que había traído del Tablazo en la habitación y bajó al vestíbulo.

Echó un vistazo en la tienda de artesanías con la esperanza de ver a Yonna y aunque las luces estaban encendidas, no se veía mucha actividad.

«Se fueron temprano a casa», —pensó.

Cuando estaba a punto de subir a la habitación, Daniel vio salir a Yonna del telar. Golpeó el vidrio de la puerta y al verlo, Yonna corrió a abrirle la puerta.

En realidad, ya habían cerrado. Al dejarlo entrar, Yonna se colgó a su cuello sin decir palabra.

—Pensaba que no ibas a venir —le dijo al fin, mientras sus manos le acariciaban el pecho.

—Yo te dije que volvía.

—¿Quieres venir a cenar a la casa?

—Sí, no he comido bien las últimas diez horas, ¿dónde está Thea? —Preguntó Daniel, al no verla moverse por la tienda.

—Está en Caracas comprando mercancía y regresa mañana.

—¿Has estado sola todo el día? —preguntó incrédulo.

—No, las *zapuanas* estuvieron conmigo y me ayudaron con las ventas.

—¿Estás segura de que no hay problema que vaya a comer contigo?

—Sí, —respondió Yonna. La súplica pintada en los ojos.

Se fueron en taxi hasta la casa de mil colores. La presencia de Yonna lo llenó de energía. Era como si no quedaban trazos del largo viaje en su cuerpo, ni en su psique y cualquiera que lo hubiese visto en ese momento, jamás se habría imaginado la forma como lo despidieron de la petroquímica.

Para no preocuparlas, Daniel decidió no contar lo que pasó en la empresa.

Terminamos comiendo rodajas de pan viejo y queso de cabra, uvas, mandarinas y pedacitos de cebolla picada. Ni siquiera se sentaron en la mesa. Comieron todo, de pie junto al mesón de la cocina. Yonna sacó una botella de vino blanco de la nevera y lo sirvió en vasos.

No dijeron mucho, se miraban y reían. De repente, Yonna desapareció sin decir palabra. Al principio, Daniel pensó que estaba en su cuarto y ya pasado un tiempo, empezó a llamarla. Al no contestar, él metió la cabeza en la habitación de Yonna, pero no la encontró, luego fue al salón y por último se asomó en el baño y la encontró parada al lado de la tina. Un vaho tenue de vapor subía lentamente de la bañera media llena.

El corazón empezó a latirle con furia.

—¿Yonna?

—Ven —le dijo extendiendo el brazo.

Daniel respiró profundo y se acercó despacio, temeroso de dar un paso en falso.

Yonna se apoyó de la mano de Daniel para sumergirse en la bañera con la manta guajira puesta. Al meterse al agua, los pétalos diminutos de verbena blanca y gajos de mandarina, se movieron al ritmo de una suave ola. Se sentó despacio sin quitarle los ojos de encima.

La visión de Yonna dentro de la bañera era similar a la de una virgen. Con la túnica empapada hasta el cuello, la mujer le pareció más sugestiva que si se hubiese sumergido completamente desnuda.

Daniel se quedó mudo contemplándola y un ligero temblor no le dejaba cerrar la boca. No pudo dejar de mirarla. De pronto, ella le hizo seña para que entrara a la bañera. Él sacó la billetera del bolsillo trasero y entró en la tina completamente vestido.

Esa salida de Daniel rompió el hielo y ambos rieron de estar empapados, ella con su túnica y él con mis pantalones grises y su camisa manga larga azul claro. Daniel se sentó como pudo frente a ella.

Yonna le tomó la mano como para apaciguar sus nervios, cuando debió ser él quien debía confortarla. Luego, Yonna metió gajos de mandarina en la boca del hombre, mientras tocaba despacio sus labios.

Ella le contó de su mamá y su abuela *piache* y cómo ella la enseñó a tejer cuando era apenas una niña, le habló de sus hermanos, de su vida de *Wayuu*, le contó de la fiesta y la masacre. Describió los horrores que vivió en manos de la policía, de los accesos de vómitos y cómo pasó noches enteras escuchando la voz de su *piache*. También relató como los policías la dejaron a orillas de la carretera en Paraguaipoa, la dura existencia con la señora Meche, la amenaza constante de Tomás y cómo Thea se convirtió en su ángel salvador.

A ratos las manos de Daniel se crispaban de impotencia ante tanta miseria. Ella lloró en silencio, casi como en susurros y Daniel también lloró con ella.

—Ya pasó Yonna —alcanzó a decirle mientras le apretaba la mano.

—Así me decía mi *piache* en los sueños —murmuró Yonna entre sollozos.

Se miraron en silencio un largo rato, luego ella se levantó despacio y la tela mojada que ahora se había hecho transparente, se le adhería como una segunda piel. Al salir de la bañera, Yonna se quitó la túnica empapada y la dejó caer al suelo, caminó hacia la puerta y luego se volvió.

—Sé amable —la oyó decir y con un ligero movimiento de cabeza, desapareció por el pasillo.

Daniel salió de la bañera, se quitó la ropa y la siguió.

(2009)

—¿YONNA, QUIERES CASARTE conmigo? —me preguntó Daniel entre besos y entre besos le dije que sí.

Supe que le pertenecía al *alijuuna* la primera vez que lo vi entrar a la tienda, cuando me dieron ganas de llorar, porque pensé que un hombre como él tenía dueña. Le pregunté a mi *piache* en sueños y ella también aprobó a Daniel.

—Ese muchacho Daniel, me robó el corazón —le confesaba Thea a las pocas conocidas que a veces la visitaban en la tienda— Fue el único que hizo salir a mi Yonna del telar.

A Thea le sobraba razón, reflexioné más de una vez. Si Daniel no hubiese entrado en la tienda ese día, estaba segura de que me hubiese quedado *yüütüwaa,* que es como llamamos a los que se quedan solos.

Me percaté con nostalgia de que no podría casarme entre los míos, ya que después de la masacre y vivir junto con Thea todos estos años, no me sentía como una verdadera *Wayuu.*

Lo único que conservaba de mi cultura eran mi oficio de tejedora y la manta guajira que cubría mi cuerpo. De mí, solamente sabía que me llamaba Yonna, que mi abuela era mi *piache* como mi mamá, y que mi papá se llamaba *Noshua.* Por esa razón, luego de comprar mi libertad en el tenderete de la señora Meche, Thea me había llevado al Registro Civil para establecer mi identidad.

Los *Wayuu* no llevan registro de nacimiento, y el nombre de cada quien va asociado a la función que uno viene a cumplir dentro de su casta.

Cuando la mujer que nos atendió me preguntó la edad, yo no tenía una idea precisa. Ella me miró de arriba abajo y decretó que yo debía tener unos catorce años.

No la contradije, porque esa era más o menos la edad que yo misma creía que tenía. Luego llenó un formulario, y anunció que como yo no sabía la fecha de mi propio nacimiento, ella decidió restarle catorce años a la fecha en curso. Seguidamente tomó mi pulgar derecho, lo embebió en tinta y lo plasmó a la izquierda de un cartón.

Por temor a que la mujer inventara algún apellido —como Thea me confesó al salir del registro—, Thea propuso que me pusieran Weiss. La mujer asintió sin levantar la cabeza y le pidió a Thea que deletreara el apellido.

Cuando ya no hubo más que preguntar, la mujer llamó a un ayudante para que me tomara la foto. El hombre me hizo pararme delante de una pared blanca y disparó una luz de neón con su máquina negra. El aparato escupió un papel con mi imagen multiplicada por cuatro, lo sacudió un par de veces, como si estuviese mojado y se lo entregó a la mujer que escribía garabatos en un libro que estaba lleno de moho por los bordes. Al poco rato, me entregó una tarjeta plastificada que decía:

República de Venezuela
Cédula de Identidad
Yonna Weiss
Nacida el 17 de mayo de 1983

Hace doce años Thea me prestó su apellido y siempre le estaré agradecida. Hace doce años que esa tarjeta de identidad está guardada en mi mesita de noche, ya que nunca he tenido necesidad de usarla. Solo ahora, cuando estoy a punto de casarme, tengo la conmovedora revelación de que me convertí en *shiatapünaa wayuu* media *Wayuu* y media *alijuuna*.

—¿Estás triste? —me pregunta Thea, con cierto aire de preocupación.

—En absoluto —miento aunque sé que no me cree.

—Daniel es un buen hombre, Yonna. Se ve que te quiere de verdad. —dice Thea dándome unas palmaditas en la mano.

—No quisiera dejarte sola aquí en Maracaibo —murmuro y no aguanto las lágrimas.

—*Liebe*, tonterías. —me asegura Thea— Puedes visitarme cuantas veces quieras.

Ya no me daba miedo salir y disfrutaba mucho las horas a solas con Daniel, pero a medida que la fecha de la boda se acercaba y que los preparativos del matrimonio estaban avanzados, la idea de dejar a Thea y a las *zapuanas* me resultaba insoportable. Ellas también formaban parte de mi familia.

Capítulo

31

DANIEL

MIENTRAS PONÍA LA mesa, una ola de preocupación empezó a crecerle en la base del estómago y trató de no pensar mientras acomodaba las flores en el jarrón como Yonna le había enseñado.

Daniel le había pedido a las dos mujeres que se quedaran un poco más en la tienda, ya que él quería hacer la cena. No solamente para darles una sorpresa, ahora que el casamiento estaba a pocos días celebrarse, sino también para informarles de su situación laboral.

Originalmente, las había invitado a cenar al DaVinci de la Plaza Sinamaica con el propósito de decirles, pero las cosas no empezaron bien, ya que él terminó intercambiando su *Mozzarella in Carozza* con el *Carpaccio* de Yonna, ya que ella no come carne cruda. Hacia el final de la velada, cuando ya había reunido valor suficiente para decirles, Yonna y Thea empezaron a hablar de la posibilidad de abrir una tienda de artesanías en el Tablazo. Las dos hablaban con tanto entusiasmo que no se atrevió a romper el hechizo con la noticia.

Ya no le quedaba más tiempo. Tendría que anunciarlo hoy mismo, ya no podía seguir inventando excusas.

El olor del asado negro en el horno, impregnaba toda la casa y los plátanos fritos descansaban en un plato. Decidió darle un toque internacional sustituyendo el tradicional arroz por un puré de papas, como se hace en Dinamarca con crema de leche, mantequilla y una pizca de pimienta.

La receta del asado se la había dado Thea, quien lo preparó para ellos meses atrás. Lo que le gustó del asado fue parecido a *culotte med champignon og sort sovs* que ya empezaba a echar de menos.

El soplo frío en la boca del estómago no se iba y hubiera dado cualquier cosa por una *Carlsberg* bien fría, pero a falta de cerveza, recordó que tenía que destapar una de las dos botellas de Pinot Noir Chileno 2006 que encontró en una tienda de importaciones en el centro de Maracaibo para que se fuera aireando.

Al agarrar el cuello de la botella, se percató de que tenía las manos empapadas en sudor. Se secó la humedad en los pantalones y probó una vez más. Hundió y giró la punta del sacacorchos. El tapón cedió en el primer intento. Al poner la botella sobre el mesón, escuchó ruidos en la puerta de entrada.

«Ya debe haber llegado», —pensó.

En efecto eran ellas y cuando Daniel se asomó desde la cocina vio a Thea adelante con paso cansado y más atrás Yonna cargando unas bolsas.

Las dos sonrieron al verlo, Yonna se colgó del cuello de Daniel y Thea le dio una nalgada a Yonna cuando iba de paso hacia la cocina.

—Dejen los arrumacos para cuando estén solos —regañó Thea fingiendo estar brava.

Daniel anunció que ya podían sentarse a la mesa, y aunque las dos argumentaban que, ya él había hecho bastante con hacer la cena, ellas querían, por lo menos, llevar las bandejas al comedor. Él las dejó hacer y le entristeció ver el regocijo y la anticipación con que ellas se preparaban para disfrutar la comida.

Se sentaron y las dos mujeres le contaron los pormenores del día, las compras que hicieron y que estaban madurando la idea de abrir una sucursal en el Tablazo.

—¿Daniel, Daniel? —llamó Yonna —¿Qué te pasa que no dices nada?. Ambas guardaron silencio al ver la expresión seria del hombre.

—Tengo algo que decirles —anunció.

—¡*Verdammt!* Eres casado, ¿no es así? —explotó Thea.

—No, no. —rectificó él horrorizado por lo que Yonna pudiera pensar, pero también sorprendido de la reacción de Thea quien hasta ahora solamente había mostrado la exquisitez de sus modales. Solamente una vez la había escuchado maldiciendo.

—¡No es eso, por Dios! —les aseguró.

—¿Qué es lo que pasa, entonces? —vaciló Yonna.

«Ahora o nunca», —pensó Daniel mientras se llenaba los pulmones de aire.

—No me renovaron el contrato en el Tablazo. Estoy en nómina tres meses más, pero después de ahí, debo salir del país si no consigo empleo.

Thea rompió el silencio.

—Debe haber algo raro Daniel, porque con tantos años trabajando en esa empresa, no puede ser que te hayan dado solo tres meses. —comentó Thea incrédula.

—El despido fue hace tres meses —admitió él bajando la cabeza.

—¿Qué? —preguntaron las dos.

—No entiendo, tú has estado viajando todo este tiempo... —agregó Yonna.

—Sí, es cierto he estado viajando por la zona para ver si alguien me cotrata en otro departamento, pero no hay nada dentro de mi área.

—¿Qué has pensado hacer? —preguntó Yonna temerosa de escuchar la respuesta.

—No hay mucho que hacer, me puedo quedar los próximos tres meses aquí, pero al vencerse la visa de trabajo, debo salir del país.

—¿Aún estando casado con Yonna? —preguntó Thea.

—Eso no lo he averiguado, pero el asunto es que necesito trabajar… —Daniel hizo una pausa para dejarlas asimilar la noticia.

Yonna jugaba con el tenedor y Thea apuró el resto de vino que le quedaba en la copa de un solo golpe.

—No me parece justo que nos casemos sin que ustedes sepan mi situación —se aventuró a decir.

—Te agradezco mucho que lo hayas dicho, —A Daniel le pareció atajar un cierto dejo de ironía en las palabras de Thea quien ahora tenía las mejillas encendidas, o de pura indignación o por los efectos del vino— pero eso es algo que ustedes tienen que discutir a solas. —dijo Thea y se levantó despacio.

—Si me permiten, los dejo para que hablen. Hizo un ademán de tomar el plato, pero Yonna le hizo señas que ella lo llevaba a la cocina.

—¿Por qué no lo dijiste antes? —preguntó Yonna cuando Thea los dejó solos.

—Pensé que podía conseguir empleo en otra parte, pero ahora que el tiempo pasa y que el matrimonio está tan cerca, no puedo seguir ocultando esto, Yonna. ¿Entiendes lo que significa mi situación?

—Sí, creo que estás tratando de decir que tú regresas a tu país. —comentó Yonna. La humedad de ojos se convirtió en un par de gotas que rodaron pesadamente por su hermoso rostro.

—Yonna, si aceptas casarte, aún sabiendo que no tengo empleo, quiero que vengas conmigo a vivir a Dinamarca. Yo quiero que estés donde yo esté.

—Yo no puedo dejar a Thea sola. —respondió.

—¡Eso no es excusa niña! —exclamó Thea. Yonna y Daniel se levantaron de un salto al verla irrumpir en el comedor —Si yo dejé todo en Alemania por seguir a Gualtiero, ¿porqué no vas a hacer tú lo mismo por Daniel?

Capítulo

32

NO HUBO MANERA de hacer que Thea cambiara de opinión. Ni me dejó quedarme con ella, ni aceptó venir con nosotros a Dinamarca.

—Ustedes están recién casados y deben estar solos. —insistió.

Nunca había estado fuera de Maracaibo. Así que viaje a Dinamarca abrió la posibilidad de empezar un nuevo capítulo en mi vida. Me debatía entre la tristeza de dejar a Thea y la alegría de empezar el viaje de casada con Daniel.

Daniel y yo nos casamos en el Registro Civil y los únicos testigos fueron Thea y las *zapuanas*. Preferimos dejar la luna de miel para otra oportunidad, y así pasar todo el tiempo posible con Thea. Después de la boda, el tiempo voló, las horas se evaporaron en trámites de pasaporte, haciendo compras, ya que Thea insistió en que yo debía vestirme a la manera de la mujer europea, y ambos se empeñaron en que además yo debía tomar clases de inglés. Thea quiso que tomara clases de danés también, pero nadie daba clases de un idioma tan exótico en Venezuela.

Los complací de mala gana, ya que era un tiempo precioso en el que Thea y yo no estaríamos juntas, pero debo admitir que lo poco que aprendí, me ayudó a moverme con limitada soltura en los aeropuertos.

Gracias a *Mareygua,* yo no estaba viajando sola. Al salir de Maracaibo fue un choque de mundos tremendo, pero Daniel con su dulzura infinita iba dándome explicaciones, de cómo hacer en cada nueva situación.

—Un nuevo mundo está a punto de abrirse para ti. —declaró Thea con ojos húmedos al despedirnos en el aeropuerto de La Chinita.

Le di un abrazo fuerte para respirar su olor a malojillo y le agradecí todo lo que había hecho por mí. Yo veía a Thea como a una *piache*, una persona sagrada.

Se me ocurrió que Thea había envejecido muchos años. Sus ojos azul pálido tenían un borde amarillento, su piel estaba como apergaminada y su andar se había hecho más lento. Hasta me pareció que se le estaba cayendo el cabello. No quedaba mucho del esplendor de sus mechones plateados y la energía que irradiaba en otros días se borró de un plumazo.

Nos embarcamos y todo el viaje duró treinta y dos horas y dos paradas: una en el aeropuerto Simón Bolívar de la Guaira.

—Estamos en el país de Thea, —anunció Daniel cuando hicimos la segunda parada en Fráncfort para hacer la conexión a Copenhague.

Nunca olvidaré la experiencia en el baño de ese aeropuerto. Me senté a orinar y cuando me levanté, el agua bajó sin que yo tocara ninguna palanca. De haberme visto, mi *piache* se hubiera muerto de las risas.

—Es un sensor infrarrojo que se activa cuando la persona se levanta —explicó mi esposo.

—Ojalá que no tome fotos, ¿te imaginas? —le dije bromeando.

Continuamos nuestro viaje, y al pasar la aduana en el aeropuerto de Copenhague, la madre de Daniel estaba sola, parada justo a un lado de la puerta de salida. Me recordó a Thea en los tiempos en que me sacó a rastras del tenderete de la señora Meche.

Llevaba los cabellos plateados perfectamente arreglados en un corte a lo Cristóbal Colón. Los mismos ojos verde cactus de Daniel, figura menuda vestida con un traje que me pareció costoso por lo delicado de las blondas que le adornaban el cuello. Una pulsera gruesa de oro en un brazo y un reloj de correa negra en el otro. Lo único adornaba sus manos era la alianza matrimonial.

«Esas manos no han escarbado tierra», pensé al verle las uñas sin esmalte, pulidas y cuidadas con esmero. Portaba un ramo de flores blanco y verde pálido.

—No te asustes, Yonna que ya mi mamá te adora. Le he hablado tanto de ti... —comentó Daniel para calmar mis nervios.

Nos acercamos y sin decir palabra, Anne-Marie me dio un abrazo. Me pareció que ella era tan alta como Daniel y creí que yo iba a desaparecer en ese apretón. Luego me separó un poco para verme mejor y con ojos húmedos, me entregó el ramo de flores.

Me conmovió el gesto y sin decir gracias, la abracé de nuevo y puse mi mejilla en su pecho.

Daniel y ella rieron ya que, al parecer, mi salida rompió el hielo.

—Dile que muchas gracias. —le pedí a Daniel que tradujera.

Daniel tradujo el mensaje mientras le daba un abrazo casi paternal a su propia su madre.

Al principio, ella trataba de decir algunas cosas en inglés, pero ni ella ni yo éramos expertas, así que le dije a Daniel que si preferían, podían hablar en su idioma todo lo que quisieran.

El viaje fue largo y la tensión de las horas de vuelo, las conexiones y la primera impresión habían drenado toda mi energía. Recuerdo que caminamos hacia un aparcamiento subterráneo, avanzamos entre cientos de carros estacionados perfectamente dentro cuadros pintados en el suelo y me impresionó que no había basura regada, ni tufo a orín.

Nos montamos en un carro oscuro que olía a cosa nueva y Daniel se sentó al volante. Yo insistí en tomar el asiento trasero, así él podría hablar con su madre mientras yo miraba alrededor. Al salir del aeropuerto, no había nadie a quien entregarle el boleto de estacionamiento. Este se lo tragó una maquina con boca de lucecitas verdes. Una viga que impedía la salida se levantó por encanto y nos dejó salir.

Yo había visto alguna de esas finesas en Maracaibo, pero todavía había casetas donde el vigilante tomaba el billete y recibía el pago.

Empezó a oscurecer y la ciudad estaba desierta, no vi montañas, los carros se detenían en los cambios de semáforo y nadie manejaba a exceso de velocidad y lo mejor de todo es que nadie tocaba corneta.

No había ruido, ni humo, ni tenderetes. Como me hubiera gustado tener a Thea aquí a mi lado. Le mandé un saludo con mi *piache.*

Mientras pensaba en las dos mujeres más importantes de mi vida, alcé la mirada y encontré los ojos de mi esposo que me observaban a través del espejo retrovisor. Le soplé un beso, y él anunció que ya teníamos donde alojarnos, gracias a los buenos oficios de mi suegra. Le di las gracias en español y ella asintió sonriendo.

La carretera sin huecos y la maravillosa suspensión del carro hicieron que me quedara dormida el resto del viaje.

Capítulo

33

(2010)

LA ESPONTANEIDAD ERA la esencia del *Wayuu*. A nosotros nunca nos avergonzó alabar las virtudes de otros miembros de nuestro clan, y tampoco necesitábamos pedir audiencia a la hora de visitar a un pariente cercano. Pero las costumbres eran totalmente distintas en Dinamarca, y al poco tiempo de haber llegado, comprendí porqué era buena idea anunciarse antes de llegar.

Lo que nunca voy a entender es que la práctica de que no lo atiendan a una en el salón de belleza, cuando obviamente no hay clientes esperando turno. Sin embargo, admiraba de los daneses que no utilizaban el mal tiempo como excusa.

—No hay mal tiempo, —solía decir la gente— sino ropa inadecuada.

Si está nevando, las familias sacan los trineos y se lanzaban por los cerros de los parques, y si llueve a ponerse los impermeables y a trabajar.

Lo que más me gustaba de todo es que en Dinamarca no hay la misma noción de la edad que por ejemplo en Venezuela. Aquí nadie es demasiado viejo para hacer cursos, montar bicicleta ni participar en eventos deportivos.

Los daneses se parecían a los *Wayuu*, por el valor que le dan a la palabra. En mi casta, bastaba un apretón de manos para cerrar un trato y en la mayoría de los casos, uno dice la verdad.

No nos instalamos en casa de mis suegros, como hubiese sido lo normal en Maracaibo, ya que Anne-Marie consiguió una casa preciosa en Farum, que según mi suegra, había estado deshabitada largo tiempo.

—Una pareja estaba interesada en la casa, pero al final desistieron. —comentó mi suegra— Este es un vecindario tranquilo y la Sra. Frederiksen se encarga de que todos se comporten como debe ser.

Daniel sonrió

—Quién es la Sra. Frederiksen, —le pregunté a mi marido.

—Algunos la llaman *Rottweiller*, —tradujo él.

Anne-Marie bajó la voz, para evitar que algún indiscreto la escuchara.

—La Sra. Frederiksen es una enfermera retirada. Algunas veces peca de obstinada, pero es buena persona y muy buena amiga mía.

—¿Una solterona? —me aventuré a preguntar.

—No, no, en absoluto, —explicó mi suegra— ella estuvo casada y su esposo murió en el extranjero. Ella tiene un hijo que se llama Peter, pero él vive en Copenhague. —hizo una pausa— Por el resto de los vecinos, no se preocupen. A la derecha vive la familia Ravn, Liva trabaja en casa, y su esposo, creo que es economista. —comentó Anne-Marie, llevándose el dedo índice hacia la cien— Ellos tienen una hija adolescente. Creo que se llama Tara, ella es adoptada de África.

—Mamá, ¿cómo te enteras de todo eso? —le preguntó Daniel claramente sorprendido.

—Creo que la razón por la que me la llevo bien con nuestros vecinos, es porque no hablamos mucho con ellos. Créeme, cualquiera puede decir que esa adorable jovencita es adoptada. La delata la piel de chocolate.

Al notar que yo bostezaba repetidamente, Anne-Marie le echó un vistazo al reloj de pulsera. Al percatarse de lo tarde que era, se despidió de nosotros.

—Bueno, ustedes deben estar cansados por el largo viaje, los dejo para que descansen, pero me mantendré en contacto. —Prometió camino hacia la puerta.

—Daniel, ¿porqué tu papá no vino a recibirnos, es por mí? —quise saber, una vez que Anne-Marie se había ido.

—Es una larga historia, y créeme cuando te digo que no es por ti, sino por él mismo. —me contestó con una débil sonrisa.

Ya que Daniel no tenía trabajo, dedicó todo el tiempo que pudo en atenderme. Nos quedábamos enrollados en las sábanas hasta la mitad del día, nos amamos en cada rincón de nuestro hogar. Nos embadurnamos de cuanta cosa dulce encontramos en la cocina y nos limpiamos la piel a punta de besos.

A regañadientes salíamos del encierro. Daniel me mostraba los palacios, recorrímos catedrales, museos, y paseamos en bote por los canales de *Christianshavn*. Luego nos devolvíamos a toda prisa para continuar los arrumacos hasta que el cansancio nos cerrara los ojos.

Desafortunadamente para mí, Daniel aceptó el cargo en la gerencia de operaciones de una empresa petrolera con oficinas en Lyngby. Ahora él salía de la casa con las primeras luces y regresaba pasada las cinco de la tarde.

Anne-Marie ofreció hacerme compañía en la medida de lo posible. Esa dulce mujer me visitaba para asegurarse de que no me faltara nada, y cuando se enteró de que yo tejía alfombras, no solo se enamoró de mi trabajo, sino que me proveyó de todo lo necesario para que yo siguiera cultivando mi afición.

Anne-Marie escuchó con paciencia lo que fue mi vida al lado de Thea, y cómo mi *piache* me susurraba los motivos que yo plasmaba en las telas.

Mi suegro, en cambio, era un bastardo mentiroso que tenía un romance con otra mujer. Lo descubrí por casualidad, ya que en una ocasión, me presenté en la casa de mis suegros sin avisar y ya creyendo que la casa estaba sola, estuve a punto de devolverme.

Desgraciadamente, escuché ruidos en un cuartito de meter herramientas de jardinería que mis suegros tienen al fondo del jardín y corrí a saludar, pensando que Anne-Marie estaría trabajando en sus begonias.

Allí estaba el viejo, con los pantalones enrollados a nivel de los tobillos, parecía una visión fantasmal debido a las canillas blancas, flacas y peludas cabalgando a una muchacha parecida a una geisha sobre un refrigerador.

A juzgar por la expresión de la chica, la estaba pasando de lo lindo. El problema, aparte de ser un hombre casado, era que ella bien podía ser su nieta. Él me hizo señas para que me uniera a la diversión, yo tiré la puerta y salí corriendo de la casa.

No me atreví a comentarlo, porque nosotros los *Wayuu* aceptamos la poligamia, pero después de pensarlo mucho, me vi forzada a desechar la idea. El muy payaso estaba engañando a su mujer y ella debía saberlo. Así comprendí lo poco práctico que es ser espontáneo en estas tierras.

Ahora más que nunca quería tomar clases de danés para poder entender lo que pasaba a mi alrededor, pero me vi obligada a esperar casi cuatro meses que fue lo que el Servicio de Inmigración se tardó en procesar mi solicitud de visa. Al poco tiempo recibí una carta de invitación para tomar clases de danés para extranjeros.

Fue un trabajo arduo, porque yo no tenía mucha escuela, ni mucho menos hábitos de estudio. Pero estaba determinada aprender a hablar el idioma de mi marido y cuando dominé lo básico, empecé a tomar libros prestados en la biblioteca, que también venían con casetes. De esa manera leía y practicaba la pronunciación.

Mi suegra nos invitaba con frecuencia a comer los fines de semana, pero después de lo que había presenciado en el jardín de mis suegros, no me daban muchas ganas de estar visitándolos. Daniel insistía, porque él quería que yo entrara en contacto con Ruth, su hermana.

Yo no compartía el entusiasmo de mi marido, ya que Ruth era dulce y paciente con respecto a mi pobre danés en presencia de su hermano. Pero cuando Daniel no estaba presente, mi cuñada no tenía la misma paciencia para explicarme cosas, era cortante en sus respuestas y hasta en más de una ocasión se burló abiertamente de mi ignorancia.

Es obvio que cuanto más aprendía a hablar danés, más entendía el contexto de lo que pasaba dentro de mi nueva familia y las piezas del rompecabezas fueron cayeron poco a poco en su lugar.

Al principio, yo atribuí la frialdad de Daniel y su papá como un asunto cultural. No era que no se hablaban, pero la forma como Daniel tensaba el cuerpo y arrugaba la barbilla cuando estaba cerca de su padre y la forma como el viejo fruncía el ceño al hablarle a su hijo, me fueron convenciendo de que había algo más debajo la mesa.

Yo tenía sospechas de que Anne-Marie, quien se ganó mi corazón desde el primer día, ya estaba al tanto de las andanzas de su marido.

Se sentaban a la mesa uno al lado del otro, pero nunca se miraban a los ojos. Cuando él tomaba la palabra, ella se levantaba con la excusa de buscar algo en la cocina y si ella intervenía en la conversación, el viejo cuchicheaba algo con Ruth. Nunca los vi tomados de la mano o expresando cariño mutuo de alguna otra forma, pero tampoco presencié riñas entre ellos.

Era como un pacto de coexistencia pacífica, en el vano intento por mantener las apariencias.

Capítulo 34

(2010)
DANIEL

—SOY UN HOMBRE afortunado, —murmuró Daniel al ver el reflejo de su mujer a través del espejo. Él la observa moverse por la habitación, pero ella no advirtió los ojos de su esposo.

Él nunca olvidará la primera vez que la vio en el hotel. Ella iba enfundada en una túnica guajira roja, sus cabellos de carbón y los labios apetitosos como una fruta madura. Levantó la mirada y contempló los ojos cobrizos, aunque ella no notó su presencia. Él estaba convencido de que no la volvería a ver, ya que pensó que ella había entrado en la tienda a comprar algo y desaparecería para siempre, pero a los pocos días, cuando él iba de salida del hotel, la vio entrar en la misma tienda.

Al convencerse de que la muchacha, de alguna forma, estaba relacionada con el negocio, decidió probar suerte y se alegró de hacer el intento, porque ahora estaba casado con ella, quien ahora se alistaba para pasar la nochebuena con sus padres.

Últimamente, Yonna no dormía bien, y se queja de que todo olía, que el frío de diciembre se le metía en los huesos. Daniel la notaba cansada, y con una ligera sombra gris debajo de los ojos. En una oportunidad él la pilló riéndose sola y cuando le preguntó, Yonna le dijo que se había acordado de algo sin importancia.

—¿Estás seguro de que no necesito ponerme algo más formal? —Le preguntó su esposa, trayéndolo al presente.

—Estás preciosa. —le dijo con genuina admiración, ya que su esposa era bella, aún acabada de levantar, reflexionó él— El único invitado fuera de la familia es un amigo que viene con Ruth. Por lo demás, somos los de siempre.

Cuando estuvieron listos, Daniel tomó dos botellas de vino que prometió llevar para la cena, las bolsas con los regalos del intercambio y se fueron caminando. Eran apenas seis casas lo que los separaba de la vivienda de sus padres.

En otras circunstancias, a Daniel le hubiese gustado vivir en otra cuidad, pero le pareció buena idea que su mamá estuviese cerca y así Yonna no estaría tan sola. No se equivocó, era obvio que Yonna adoraba a su mamá y Anne-Marie veía a Yonna como a su propia hija.

Cuando llegaron, la suegra abrió la puerta y un vaho a pato horneado con pimienta llenó el aire. Daniel cerró los ojos y disfrutó por unos segundos los aromas de la comida navideña que tenía tiempo sin disfrutar.

Yonna y su mamá se abrazaron, mientras ponían las chaquetas en el perchero, el viejo dijo algo desde el salón que se apagó con los saludos.

—¿No ha llegado el novio de Ruth? —preguntó Daniel.

—Ruth no ha dicho que sean novios —corrigió su papá quien ahora estaba más cerca de la puerta de entrada.

—Paz, fue solo una broma —respondió Daniel sin mirarlo y se unió a Yonna y Anne-Marie que estaban en el comedor.

Estaba decorado al estilo de siempre. El consabido mantel rojo, el arreglo floral en el centro, una vela encendida a cada extremo de la mesa y la vajilla de borde dorado que su mamá sacaba en ocasiones especiales brillaba bajo la luz amarillenta del candelabro.

Sonó el timbre y su mamá salió a recibir a Ruth, mientras Yonna y Daniel acomodaban las bolsas con los regalos en algún rincón donde no molestara.

Desde la cocina les llegó el murmullo de mujeres saludándose. Daniel reconoció la voz de su hermana, pero la tercera voz lo hizo salir a ver quienes habían llegado.

—Hermano, mira lo que te traje —le dijo Ruth tambaleándose ligeramente, mientras abrazaba a su hermano, quien tuvo que sostenerla por temor a que ella se desplomara en el piso. La abrazó y la condujo hasta una silla.

Karina al ver a Daniel, se le lanzó al cuello, él se inclinó hacia adelante para poner distancia entre ellos y no sentir el roce de sus senos sobre el pecho. La mujer le sopló el saludo, y el vapor de cerveza le revolvió el estómago.

El viejo salió a recibirlas y Daniel se unió a Yonna en el salón.

—Yonna, te advierto que Ruth está tomada y la invitada que trajo fue una novia que tuve hace años.

—Sí, me pareció que había algo más que amistad por la forma como se te lanzó encima... —aseguró Yonna en voz baja.

—¿La viste?

—¡Claro! —dijo bajando los ojos.

—¿Estás celosa? —preguntó Daniel sorprendido de que Yonna pudiera pensar que él iba a preferir a Karina.

—No, pero tampoco me gustó el saludo. —confesó.

—Yonna, esa mujer está ebria y estoy seguro de que mañana va a querer que se la trague la tierra.

—No te preocupes, que yo le tengo una sorpresa... —respondió Yonna guiñando el ojo con picardía.

—¿Sí, y qué será? —preguntó Daniel aliviado de que Yonna no estuviera enfadada.

—Todo a su debido momento... —dijo Yonna en tono críptico.

—La cena está servida —anunció Anne-Marie desde la cocina.

Cuando llegaron al comedor, ya el viejo estaba sirviendo el vino tinto.

A propósito, Daniel se sentó frente a Yonna y al lado de Ruth para no tener que verle la cara a Karina, quien por su parte, no le quedó otra que tomar la silla de la cabecera. Su papá se sentó al lado de Yonna y Anne-Marie tomó la copa que estaba en la cabecera opuesta de la mesa.

«Empezó el circo», —pensó Daniel.

Anne-Marie insistió en traer las bandejas sin ayuda de nadie y en pocos minutos, empezaron a disfrutar el pato adornado con peras y ciruelas. De acompañante había papas al caramelo y repollo morado a la vinagreta.

—¿No me vas a presentar a tu esposa? —preguntó Karina en tono meloso.

—Yonna, —le hablé en español —no te dejes provocar le dije entre dientes. —ella es Karina y luego dirigiéndome a Karina le hice señas para que saludara a Yonna.

Yonna se levantó, se acercó a Karina y le extendió la mano. —Encantada en conocerte —dijo Yonna en danés y luego se devolvió a su puesto.

Daniel observó con orgullo como Yonna manejó la situación.

La velada transcurrió sin problemas, le hicieron contar sus peripecias en Maracaibo y como se conocieron Yonna y él. Daniel se explayó dando detalles de cómo fue él quien le montó cacería a Yonna, y así desmantelar cualquier esperanza que Karina estuviese alimentando con respecto a él.

Se rieron de los cuentos de Daniel, lo que ayudó a relajar el ambiente. Luego la conversación giró en torno a Karina, su hermana, su trabajo en el preescolar y la fotografía. Así continuaron hasta que no quedó nada servido. De cuando en cuando, se escuchaba el ruido de fuegos artificiales que los vecinos disparaban en la calle.

Entre todos ayudaron a retirar los platos de la mesa.

—Ojalá que la almendra le toque a Yonna, para que sea ella quien empiece el intercambio de regalos, —dijo Anne-Marie— sosteniendo el tradicional postre de Navidad *ris-à-l'mande*, un arroz cocido como *risotto,* mezclado con crema batida, almendras picadas y bañado de sirope tibio de cerezas.

La almendra le tocó a Ruth quién recibió un corazón de chocolate envuelto en papel celofán, además de un paquete enorme, que resultó ser un ejemplar tapa dura de *"El Arte de la Fotografía"* de Bruce Barnbaum, así se enteraron de que Ruth, por fin, había empezado el curso que tanto había querido hacer. Las dos mujeres se abrazaron y una muy satisfecha Ruth le entregó el regalo al viejo.

Desde que eran pequeños, Ruth y Daniel competían a ver quien descubría lo que había en los paquetes de regalo sin abrir.

Daniel supo que se trataba de algún CD combo de música clásica. El viejo abrió su regalo sin mucha ceremonia y para su sorpresa, se encontró con una colección de cinco discos compactos de Anna Netrebko, luego el viejo le pasó el regalo a Anne-Marie, sin abrazo y sin intercambiar miradas. Ella lo tomó. Era una cajita que bien pudiera haber sido un perfume. Estaba empaquetada primorosamente con un papel de regalos color pastel y estrellas diminutas color plateado. Daniel se equivocó esta vez, ya que el regalo de su mamá era una crema para el cutis.

Daniel pensaba que su mamá le iba a regalar a él, pero ella se acercó a Yonna y le entregó un sobre rosado. Yonna lo abrió y sacó una foto.

—¿No sabes que es? —preguntó Anne-Marie, temerosa de haberse equivocado con el regalo.

—Sí, es un telar. —respondió Yonna, feliz como una niña.

—Ese es tu regalo, pero viene la semana que viene.

—¿Un telar de verdad para mí? —preguntó Yonna incrédula. Yo pensaba que el regalo era la foto. ¡Me encanta! —dijo con la voz cargada de emoción.

Ambas se abrazaron, mientras mi papá se movía alrededor del salón llenando copas. Katrina estaba reclinada en el sofá y alzaba la copa, cada vez que alguno mostraba el regalo.

Ahora era el turno de Daniel, Yonna le entregó un paquete suave envuelto en papel de regalo rojo con árboles de Navidad en verde grama, mientras ella intercambiaba miradas de complicidad con Anne-Marie.

Daniel agitó el paquete con la esperanza de adivinar el contenido y llegó a la conclusión de que debía ser un par de calzoncillos de colores vivos de esos que estaban de moda.

El círculo de curiosos se fue cerrando alrededor de Daniel y él tuvo la impresión de que el resto de su familia compartía un secreto del cual él no era parte. Abrió el presente con cuidado. Era una prenda de color blanco y las manos empezaron a temblarle cuando el regalo quedó al descubierto.

Era un trajecito de bebé y un chupón envuelto en papel cebolla. Daniel miró a Yonna para asegurarse de que no se trataba de una broma.

—Estamos embarazados, —confirmó ella.

Y todos, menos uno, rompieron en aplausos.

(2011)

GRACIAS AL TELAR que me regaló Anne-Marie, me pasaba las horas haciendo tapetes, y así no pensar en el clima. No es que el frío me atormentara, mi problema era la luz tenue a lo largo del día, como si no acababa de amanecer.

Normalmente, me iba a caminar al bosque, ya que la brisa gélida me aclaraba los pensamientos. Me entretenía admirando las diminutas flores blancas que se extendían por todas partes y me recordaban a *Jeyutse,* la verbena blanca.

—Se llaman anémonas, —me explicó Daniel— y marcan la entrada de la primavera.

Durante esas caminatas, yo jugaba con la idea de seguir el ejemplo de Thea. Tenía más sentido montar mi propio negocio, que seguir mandando cartas de trabajo, ya que era casi imposible conseguir empleo. Una de las excusas más frecuentes que leí en las cartas de rechazo era que yo no hablaba danés con fluidez, cosa que era cierta. La otra razón era que yo no tenía experiencia suficiente en oficios de limpieza. ¿Era realmente necesario tener formación profesional para lavar pisos y mantener el local ordenado?

De cualquier manera, el embarazo me obligó a hacer una pausa indefinida en la búsqueda de empleo, ya que nadie le iba a pagar el permiso prenatal a un empleado con tan poco tiempo en la empresa.

A Thea la llamaba cada vez que podía y lloró de gozo cuando le dije que esperaba gemelos. Pensé que eso la animaría a venir a visitarnos, pero ella se sentía tan vieja que ya no se atrevía a montarse en un avión. Nosotros, tampoco podíamos ir a visitarla, debido a que era demasiado riesgoso viajar con siete meses de embarazo.

Tenía el presentimiento de que Thea me estaba ocultando algo con respecto a su salud, ya que la última vez que llamé, una de las *zapuanas* agarró el teléfono y me contó que Thea no estaba bien.

Quise precisar el asunto con ella misma. —*Liebe*, esos son achaques de la vejez, —me dijo desechando mi preocupación.

Extrañaba a Thea y su español con acento alemán, pero Anne-Marie compensaba su ausencia con creces y venía a visitarme casi todos los días.

—Yonna, a mí me parece que deberías montar tu propio negocio, —sentenciaba mi suegra cada vez que tenía la oportunidad— estoy dispuesta a ayudarte con los contactos, organizar exhibiciones y toda la asistencia administrativa que necesites.

Yo sabía que Anne-Marie realmente quería ayudarme, pero también sabía que ella quería mantenerse lo más alejada posible de su marido. Mi suegra, disimulaba cada vez menos que ellos vivían como dos extraños bajo el mismo techo y la situación se empeoró con la escena que montó el viejo en el almuerzo de Semana Santa hace un par de semanas atrás.

Me percaté que el hombre estaba más agrio que de costumbre, pero gradualmente aprendí a no dejarme intimidar con su humor siniestro.

En mitad de la comida, ofrecí ir a recoger unas botellas de refresco en la nevera del cuartito de herramientas al fondo del jardín y mientras estaba ocupada, metiéndolas en la bolsa plástica que Anne-Marie me había entregado para llevarlas de regreso a la cocina, la sombra de alguien parado en el umbral, me hizo saltar del susto. Era el papá de Daniel.

—¿Sabes lo que significa cachondo? —me preguntó riéndose.

—Perdón, no te escuché —dije inclinándome hacia adelante, ya que no había entendido lo que él quiso decir.

—Cachondo —aclaró él, mientras se frotaba entre las piernas.

Sentí algo tibio entre las orejas. No fue dolor, ni vergüenza. Solo una rabia animal. Ignoré el hecho de que el viejo se estaba masajeando la entrepierna y agarré una de las botellas que había acabado de meter en la bolsa.

—Me imagino que significa *viejo depravado*, —recalqué sosteniéndole la mirada y debo reconocer que me asustó la calma con que lo dije.

«No te tengo miedo, pedazo de mierda», —pensé.

—Sé que llevaste chorizo a granel... Escuché a Daniel y Anne-Marie hablando de eso el otro día. —reveló mientras daba un paso adelante.

—¡Asqueroso! —le dije blandiendo una botella por el cuello como un sable.

Cuando le pasé por el lado, el viejo alzó las manos, como si le estaba apuntando con una pistola.

Caminé el trayecto sin temor a que él corriera detrás de mí, con la sensación liberadora de que hombres como él nunca más podrían hacerme daño. Entré por la cocina, y en ese momento, Anne-Marie se quedó mirándome como si había visto un fantasma, pero no dijo absolutamente nada que revelara si había presenciado la última gracia de su marido.

—¿Estás bien? —me preguntó Daniel, cuando regresé a la mesa.

—Nunca he estado mejor —le respondí, y lo había dicho en serio.

Al poco tiempo, el viejo regresó al comedor, relajado, tranquilo, indiferente. Su falta de vergüenza era inquietante. «Ese hombre no estaba bien de la cabeza», —reflexioné al verlo sentarse a la mesa como si nada…

—¿Qué estás esperando para hacerte la prueba? —le preguntó a Daniel mientras comíamos unas delicias de salmón que preparó mi suegra.

—¿Cuál prueba?

—ADN, ¿cómo sabes tú que esos gemelos son tuyos? —espetó mi suegro con la boca llena de pescado.

Dejé de masticar y le rogué a *Mareygua*, que mi suegro dijera que era una broma de mal gusto.

—Escúchame bien, *bola de mierda* —gritó Daniel agarrando al viejo por las solapas— aquí te toleramos por esta mujer que está ahí, —dijo mirando en dirección hacia Anne-Marie— pero el día que ustedes se divorcien, no me voy a molestar a ir a tu funeral.

—¡Ya está, Daniel, suéltalo! —le rogamos Anne-Marie y yo al borde de la histeria.

Cuando Daniel soltó a su papá, este casi rodó por el suelo con todo y mueble, pero en un movimiento rápido, el viejo recobró el balance logrando estabilizar la silla.

—¡Qué carácter! —murmuró el viejo y continuó masticando. Aparte de la cara roja y los ojos inyectados, no había nada en él que revelara el más mínimo cambio.

—Seamos civilizados, ¡por favor! —suplicó Anne-Marie tratando de preservar la paz, pero nada parecía calmar a Daniel.

—¡Depravado de mierda! —vociferó Daniel, y tomándome del brazo, me sacó a rastras de la casa.

Anne-Marie nos siguió hasta la puerta con la cara más triste que nunca le había visto a nadie.

—YONNA, TE DEBO una explicación —fue lo primero que mi suegra me dijo después del incidente, unos días después que pasó por muestra casa a tomar café.

—El viejo y yo nos casamos al poco tiempo de habernos conocido. Él insistió en que yo no debía trabajar, porque para eso él ganaba más que suficiente. Cosa de la cual me arrepiento, ya que nunca aprendí un oficio, sino que me dediqué al hogar, a Daniel, a Ruth, y a ser una buena anfitriona. —hizo una pequeña pausa y continuó.

—El problema empezó cuando nació Daniel. El viejo nunca me perdonó que el muchacho no se pareciera a él y aunque nunca lo maltrató, tampoco mostró interés por él. Nunca lo llevó al béisbol, ni a pescar, tampoco leyó cuentos antes de dormir, ningún tipo de juegos. Ruth, en cambio, se parecía a su padre y el trago se hizo más amargo para Daniel, al tener que presenciar cómo el viejo colmaba a la niña de todo lo que nunca le dio a él.

—Me imagino que Daniel prefirió tragarse las humillaciones para evitar conflictos. El tiempo pasó y el muchacho se cansó de esperar la aprobación de su papá y al crecer empezó a enfrentársele al viejo más abiertamente. En más de una ocasión estuvieron a punto de irse a las manos.

—Cuando estaban pequeños los tres tuvimos que pasar el trago amargo de su mal humor. La táctica era sencilla pero eficaz. Si algo lo ponía agrio, llegaba a la casa, tiraba puertas, no hablaba con nadie y se encerraba en su estudio, manteniéndonos al resto de la familia en jaque días enteros. Si yo necesitaba dinero, tenía que reportar con detalles para qué quería usarlo y devolver lo que no había alcanzado a gastar. —Dijo Anne-Marie entre sorbos.

—Luego vinieron las amantes. No le bastó acostarse con ellas, sino que se aseguraba de que alguien conocido los viera y lo comentara en el círculo de amigos, ya seguro como estaba de que yo no lo dejaría porque, ¿para dónde va a ir, si yo no sabía defenderme sola? —preguntó mientras las lágrimas le lavaban el rostro.

—Yo sé que el viejo quiso pasarse contigo...

Traté de consolarla y decirle que no era nada, pero ella solo quería airear tantos años de frustración.

—Yonna, yo estoy bien, solamente necesito desahogarme. —me aseguró entre sollozos.

—Pero él fue un buen padre para Ruth, ¿no es así? —me atreví a preguntar.

—Sí, tienes razón, pero Daniel también es su hijo.

Capítulo

36

(2011)

—¿QUÉ TE PARECE si tu mamá y yo nos hacemos socias? —Le pregunté a Daniel mientras estábamos acostados.

—Podría ser... —respondió el meditabundo—, pero ten cuidado con mi mamá, ya que ella es un poco dominante. —me advirtió mi marido entre besos.

—¿Cómo? —quise saber.

—No sé... Ella podría terminar dirigiendo el espectáculo. Algunas veces, mi mamá me recuerda a Thea. —confesó Daniel.

—Siempre y cuando yo tenga la libertad de crear mis tapetes, no importa que ella decida en todo lo demás. —le aseguré. —Tú sabes muy bien que yo no soy buena administrando negocios y el dinero en mis manos, va a correr como agua en el albañal.

Anne-Marie me había caído del cielo, ya que ella poseía toda la capacidad de organización que yo no jamás tendría. Algo me decía que ella quería emprender su propio proyecto, que ella quería edificar algo con sus propias manos, demostrarle a su marido que ella sí podía cuidarse sola. Para Anne-Marie el tiempo apremiaba, anticipando que, una vez que los gemelos nacieran, las cosas irían un poco más lentas.

Nos pusimos a buscar locales y hasta visitamos tres lugares, que hubiesen sido perfectos, a no ser por la falta de presupuesto. Esa pequeña derrota no nos bajó el ánimo, al contrario. Decidimos otra estrategia que era la de presentar la mercancía en exposiciones artesanales, mientras encontrábamos el lugar apropiado.

Gracias a sus años de anfitriona, Anne-Marie conocía mucha gente que le debía un favor o dos. Después de unas pocas llamadas y media docena de correos electrónicos, le dieron la oportunidad de exponer una selección de diez tapetes en la biblioteca de Hilleroed.

Aquella invitación era la pequeña victoria que tanto necesitábamos, pero nos hizo trabajar a marcha forzada, ya que había que catalogar las piezas, hacer papelería, trípticos y transportar e instalar la exposición en la biblioteca.

El personal de la biblioteca se portó de maravillas y nos ayudaron en todo lo que pudieron. Con la ayuda de Anne-Marie, seleccioné unas piezas que había hecho en Maracaibo, donde mezclaba materiales tan disímiles como el algodón y retazos de satén en figuras que representaban el sol, la luna, el pavo real, el eclipse y el Jardín del Edén.

Un día antes de la exposición, arreglamos todo en el espacio que nos asignaron en la biblioteca y partimos rumbo a la casa a celebrar nuestro primer logro.

Cenamos juntos y Ruth pasó a saludar y a desearnos la mejor de las suertes. Esta vez, pude notar el parecido de mi cuñada con su padre. Los labios finos, la nariz ligeramente corta y respingona y las pocas pestañas reforzadas con rímel. Al principio, estos detalles pasaron desapercibidos ya que nunca nos hicimos verdaderas amigas, pero ahora, saltaban a la vista después de las confesiones de mi suegra.

Daniel y Anne-Marie brindaron por mí, ya que yo no me atreví a tomar alcohol.

Al final de la velada, la mamá de Daniel se fue a su casa y yo, muerta de cansancio, me tiré sobre la cama soñando con todo lo que iba a pasar al día siguiente en la exposición.

A medianoche, me despertaron unas contracciones violentas. Me levanté de la cama tratando de no hacer ruido, en eso escuché una especie de *"pop"* y un chorro tibio me corrió entre las piernas. En ese momento, Daniel se despertó y no nos quedó la menor duda de que el momento de dar a luz había llegado.

Daniel no quiso correr riesgos y llamó un taxi para que nos llevara al hospital. Al llegar a la sala de emergencias, todo pasó como un torbellino. El resultado del ultrasonido mostraba a uno de los gemelos con el cordón umbilical enrollado en el cuello, aunado al hecho que ya yo había botado el líquido amniótico, los doctores decidieron hacerme una cesárea de última hora.

Selma nació primero y Tobías llevó más tiempo, por lo del cordón umbilical.

Los dos dormían en sus cunas, mientras yo me recuperaba en la cama. Fue un alivio saber que no hubo más complicaciones, todo había salido bien con Tobías. Daniel y yo ya estábamos empezando a preocuparnos, ya que el resto de la cesárea estaba tomando demasiado tiempo.

Cuando nos dieron la buena nueva, mi marido se quedó mudo, pero la expresión severa y los ojos húmedos revelaban su verdadero estado de ánimo. No había palabras que pudieran describir la verdadera magnitud de su dicha.

—¿Qué estabas haciendo que se te adelantó el parto? —preguntó el médico.

—Hemos estado trabajando en una exposición, —le expliqué— yo tejo tapetes y creo que me dejé llevar por la ansiedad de la primera exhibición...

—Desgraciadamente te lo vas a perder, ya que debes quedarte hospitalizada un par de días más. —Sentenció.

Anne-Marie vino a visitarnos y sugirió que canceláramos el resto de la exhibición, ya que ella prefería estar con nosotros.

—De ninguna manera, —le dije en lo poco de danés que podía hablar, lo que la hizo soltar una carcajada— hemos estado trabajando duro por esto, ahora no podemos dejar todo a mitad de camino.

Ella aceptó mi argumento a regañadientes, pero concedió que era una oportunidad como pocas y empezó a reportar los resultados del primer día.

—Hay dos visitantes que están interesados en el eclipse. —contó mi suegra entusiasmada, mientras buscaba en el bolso un par de tarjetas que le entregaron. —Mira, estos dos están interesados en tu técnica, y la cosa no termina ahí, —dijo sonriendo— ¿se acuerdan de la Sra. Frederiksen, la enfermera retirada?

«¿El perro guardián del vecindario?», —pensé, pero no me atreví a decirlo en voz alta. Miré a Daniel por encima del hombro, pero él no encontró mis ojos, ya que estaba ocupado con los bebés al fondo de la habitación.

—Ella está muy interesada en los tapetes y ofreció ayudar en cualquier cosa que necesitemos.

—Muy generoso de su parte, —dijo Daniel, en un tono como si estaba sorprendido.

Yo, por mi parte asentí, —bienvenida, —dije al final.

La verdad que no tenía energías para ocuparme de los tapetes. «Eso puede esperar», pensé con un dejo de nostalgia, ya que Anne-Marie al mencionar el eclipse, me recordó a Thea.

Cómo me hubiera gustado que ella estuviera aquí, con sus mejillas rojas, rebosante de energía dando ordenes, y haciéndose cargo de todo...

Me prometí llamarla en la primera oportunidad.

—Hay algo más, —Anne-Marie anunció— encontré un apartamento que no queda tan lejos de aquí.

—¡Ah, qué bien! ¿Qué te parece si discutimos lo del nuevo local cuando salga del hospital?—le propuse a mi suegra.

—No, no es el local para el taller de alfombras... Me separé de tu papá, —explicó Anne-Marie dirigiéndose a Daniel.

Al oír la revelación, me quedé paralizada. Daniel acostó a los bebés en la cuna y abrazó a su mamá en silencio.

Después de cinco días en el hospital, y ya mucho más recuperada de la cesárea, nos permitieron irnos a casa.

Aparte de las cortinas en el cuarto de los gemelos, todo lo demás ya estaba arreglado. Las paredes verdes, sin embargo, oscurecían el espacio, así que resolví el problema con mariposas blancas de papel que Anne-Marie me ayudó a pegar.

Daniel no estaba muy seguro de mi estrategia, hasta que vio las mariposas que pegamos. Parecía que habían entrado volando por la ventana y se esparcían por ambos lados de las paredes, hasta llegar a las cunitas que Daniel se encargó de ensamblar. La una al frente a la otra, separadas por la cómoda con cambiador. También colgamos una lámpara en forma de nube que encontré en una tienda de cosas usadas y al pie de cada cuna puse dos tapetes *Wayuu* que representaban a los *senkeyuu*, gemelos en mi lengua.

Los días fueron pasando y la responsabilidad con los bebés se fue haciendo cada vez mayor. Había días en los que ni siquiera alcanzaba a cepillarme los dientes. Me prometía tomar una siesta cuando estuvieran durmiendo, y así recuperar las fuerzas, pero hacerlo hubiera significado dejar que la casa se nos viniera encima. Siempre terminaba aprovechando la siesta de los niños para adelantar otros quehaceres. Luego visitas de control, y las vacunas.

En esa rutina se fue el primer mes y medio y me di cuenta de que no había llamado a Thea.

Una sensación de vergüenza se apoderó de mí, y en la primera oportunidad que tuve, levanté el teléfono y la llamé a la tienda de artesanías.

Ella misma tomó la llamada y sin poder contenerme, rompí en llanto.

—¡*Verdammt!* ¿Daniel te está tratando mal? —escuché a Thea maldecir al otro lado de la línea.

—No, Thea es que hace más de un mes que tuve los gemelos y he estado tan ocupada que no he tenido tiempo de llamarte. —confesé entre sollozos.

—Ah, me asustaste, yo pensé que Daniel se estaba portando mal… —me dijo con voz ronca. —Dios te bendiga hijita, ¿y cómo están los tesoritos?

—Están bien, pero yo estoy muy cansada, casi no duermo de noche. Ayer me equivoqué y le di comida a Selma dos veces y el pobre Tobías se quedó sin leche y tuve que hacerle un biberón.

—¿Quiere decir que se te adelantó el parto, no es así?

—Sí, tres semanas completas. Tenía una exposición en la biblioteca y al parecer trabajé tan duro en los preparativos que se me adelantó el parto.

—¿Estás exponiendo tapetes? —preguntó Thea con voz cansada.

—Sí, y han causado sensación. Anne-Marie es mi socia y hay otra señora que también quiere unirse a la empresa.

—Felicitaciones Yonna, me alegro tanto... ¿No tienen planes de venir a Maracaibo?

—Sí, yo quiero que conozcas a los niños, pero Daniel quiere esperar a que los gemelos tengan tres meses, ¿y tú cómo estás? —le pregunté, ya que me dio la impresión de que ella quería decirme algo.

—Bueno, ya estoy muy vieja y el médico dice que tengo algo en el hígado, tú sabes...

—¿El hígado?, —repetí sin saber qué decir— ¿te duele?

—No, fíjate que estoy aquí en la tienda. La única molestia es que estoy cansada. Él me mandó unas vitaminas.

—¿Estás segura de que no es nada serio?

—Seguro, Yonna. —luego se apuró a despedirse —Te dejo hijita que me llegó un cliente. ¡Vengan pronto!

—Dale nuestros saludos a las *zapuanas* —le dije con miedo a despedirme.

—Sí, yo les mando tus saludos.

Al verle la cara que puso Daniel cuando le conté acerca de Thea, la premonición me vino como un soplo y no pude dejar de pensar en *epieyú*. El cóndor de mi casta, que cuando alza el vuelo, lleva la esencia de los muertos.

Capítulo 37

(2012)

EL TELÉFONO SONÓ a las nueve de la mañana, hora de Copenhague y no hubo necesidad de muchas explicaciones cuando escuché la voz de la *zapuana*.

Thea había fallecido en su cama, tranquila, sonriendo, segura de haber cumplido su misión en el mundo. Esas fueron sus últimas palabras, me dijo. También me dijo que Thea había dejado un sobre para mí, con instrucciones de que yo fuera a buscarlo en persona.

Fue pura mala suerte, porque ya habíamos comprado los billetes y nuestro vuelo saldría en semana y media. Una vez más estuve ausente. Ausente en la muerte de los míos, años atrás cuando el desacuerdo borró de un plumazo el resto de mi familia, y ahora ausente en la muerte de Thea.

Llamé a Daniel a la oficina y de inmediato él supo de que algo malo había pasado, precisamente porque nunca lo llamo a la oficina.

—Thea —le dije con voz rota.

—De verdad que lo siento, Yonna —lo oí decir.

—Tenemos que cambiar la fecha de los boletos, hay que adelantar el viaje —le dije después de una pausa.

Anne-Marie y la Sra. Frederiksen ofrecieron cuidar a Selma y a Tobías, ya que nuestro viaje a Maracaibo no era una visita de cortesía, sino para hacer los arreglos del entierro.

Cuando por fin llegamos a la casa de mil colores en la calle Santa Lucía, me pareció irreal que la vitalidad de Thea ya no estuviera entre nosotros. La casa estaba igual, y a pesar de la pulcritud una frialdad fantasmal me heló la sangre.

«El vacío que deja la muerte», —pensé.

Liebe Yonna.

Si estás leyendo esta carta, es porque fue demasiado tarde. No te recrimines, no hay razón de sentirse culpable, ya que en mi corazón siempre estuviste presente.

Liebe Yonna, tú fuiste la hija que me hubiera gustado haber tenido junto con Gualtiero. Mi corazón se quedó aquí en Maracaibo junto a él. Asegúrate de que mis restos sean cremados. El otro día vi en las noticias, como las vacas pastaban en el cementerio, comiéndose las ofrendas florales. También había tumbas abiertas con calaveras expuestas al aire libre.

Es mi deseo que estés presente el día que mis cenizas sean esparcidas sobre la tumba de Gualtiero, ya que no quiero que mis huesos queden a merced de los pillos.

Con respecto a mis bienes, son tuyos. Aparte de una pequeña cantidad que le asigné a las zapuanas, eres tú la que hereda todo. Ese derecho te lo ganaste a fuerza de trabajo duro. El abogado hizo todos los arreglos.

Me parece bien que te asocies con tu suegra, debido a que tu desapego a lo material te hace una pésima comerciante, sé que entre ella y Daniel te van a ayudar a tomar decisiones acertadas, escucha sus concejos.

Lo único que lamento es no haber podido conocer a Selma y a Tobías, pero sé que están en buenas manos. Dale mis bendiciones.

A Daniel, por favor dile que mi promesa sigue en pie, si alguna vez te hace daño. Él sabe de qué estoy hablando.

Liebe Yonna, debes saber que hay otra poderosa razón por la cual nunca regresé a Alemania. Yo conocí a Gualtiero, a través de mi hermana que era su prometida. El matrimonio nunca se llevó a cabo porque ambos escapamos. Así es como fuimos a parar a Maracaibo. Como ves, yo también tengo mis pecados.

Me convertí en una renegada por lo que le hice a mi hermana, pero fue liberador convencerme de que yo no quería estar en otra parte. Cuando enterré a Gualtiero comprendí que patria no es donde uno nace, sino donde uno deposita su corazón.

Liebe Yonna gracias por tu compañía y por tu lealtad. Sé que nos veremos algún día, en la eternidad.

Dios los bendiga.
Dorothea Weiss

Daniel y yo leímos la carta de Thea en silencio y nos dispusimos ejecutar su voluntad, tal y como ella pidió.

—Estas cosas de cementerio, me recuerdan a mi papá. —Dijo Daniel— Él sueña con un funeral de estado, como si su él hubiese contribuido mucho a la humanidad. —Remató con expresión burlona.

Asentí en silencio con una media sonrisa.

—Y tú Yonna, ¿quieres que te entierren aquí en Maracaibo o en Dinamarca?

La pregunta no solamente me trajo al presente, sino que me sorprendió, ya que nunca había pensado a donde irían a parar mis huesos. La muerte se convierte en algo distante, cuando una ha sobrevivido tantas desgracias. «Es imposible que yo tenga una vida corta», —pensé.

—Cuando perdí a mi familia, la sensación de que yo no pertenecía a ninguna parte me atormentó largo tiempo, pero luego llegaste tú Daniel, y Selma y Tobías...

Daniel se paró en seco y me abrazó duro.

—Volvamos a casa. —me susurró al oído.

Taraji

Capítulo

38

(1997)
Soweto, Sudáfrica

DESDE QUE LA asaltaron, no se ha atrevido a salir a la calle, sobre todo los últimos tres meses. Ella no quiere que los vecinos le vean la barriga. «¿Por qué tuve que salir a comprar queroseno?», —Reflexionaba la joven una y otra vez.

«Me hubiera quedado en la casa...»

Muchas veces, la joven le preguntaba a la noche, ¿por qué?, pero lo único que escuchaba eran los disparos en algún lugar distante y la asaltaba el miedo. También le preguntaba a Mam'Akindi, pero «Estás viva, hijita», era lo único que su mamá le respondía.

Le asustaba estar sola, sobretodo con el malestar que la agobiaba. La despertó la presión en la barriga. Primero pensó que se trataba de un sueño, pero el vientre se tensaba y mandaba oleadas de espasmos hacia abajo.

«Es el bebé que quiere salir, estoy segura», —pensó, ya que nunca antes había sentido el palpitar intermitente, como si dos manos gigantes apretaban a cada lado y empujaban hacia abajo.

Una ola de miedo la asaltó al recordar las palabras de las ancianas de su familia al hablar de sus propios partos. Contaban acerca de un dolor indescriptible que se hacía más agudo con cada espasmo.

Mam'Akindi parió ocho hijos y ella misma vio nacer a tres de sus hermanos. «Esto se parece tanto...», —pensó, y le dio aún más miedo estar sola.

A raíz del ataque, sus hermanos y Mam'Akindi se unieron a los voluntarios para patrullar los alrededores de la estación en Kliptown.

«Si le pido ayuda a los vecinos, se van a enterar de lo que me hicieron», —pensó la joven, dejando escapar un *Ahhh*.

No se le quitaba la imagen del último parto de Mam'Akindi. Recordó como su mamá se regañaba a sí misma, cada vez que se le escapaba un grito.

—Mejor me levanto, —murmuró entre dientes—, ya que el dolor le apretaba el pecho y acostada de espaldas como estaba se le hacía casi imposible respirar.

Al sentir cómo las gotas de sudor le corrían por la espalda, la muchacha no pudo evitar recordar el único juguete que había tenido en toda su vida; una rueda de bicicleta, que ella guiaba por el patio con la punta de una rama seca y cuando llovía, las gotas le rodaban por la espalda desnuda, ya que lo único que le cubría el cuerpo, en esos días felices de su niñez, era un calzón rosado con volantes en la parte trasera.

Trató de salir al patio a tomar aire fresco, pero no pudo. Las piernas le temblaban y el vientre se tensaba, como si estaba a punto de romperse en mil pedazos. Debió haber sido el esfuerzo al levantarse de la esterilla. Un líquido tibio le corrió entre las piernas. Al tocarse, se dio cuenta de que era transparente y de consistencia gelatinosa.

Sus propios latidos sonaban como los timbales en Kaapse Klopse. El instinto la hizo pujar. Se agarró de la pared de barro para no caer, mientras el cuerpo le pedía que pujara. Una voz profunda le susurraba al oído —¡Puja! ¡Puja! ¡Puja!

Dio unos cuantos pasos y con un movimiento rápido se quitó la franela empapada de sudor. Casi pierde el equilibrio, pero logró agarrarse del cinc que dividía la cocina con la sala. Se dobló hacia adelante y pujó una vez más. Ahora, una cascada de gelatina, que sonó como agua que cae de un balde, le empapó las piernas.

No se atrevió a agacharse por temor a no poder levantarse. Se mordió el labio para acallar el grito, mientras las lágrimas corrían sin parar.

Separó las piernas para mantener el balance mientras apoyaba las manos en las rodillas. Pujó una vez más, y un *Ohhh* profundo salió entre los labios medio abiertos.

Reprimió el grito y sintió que la piel del sexo se le estiraba y una ola de calor le abrasaba el cuerpo, como si estuviera sentada sobre la fogata, donde Mam'Akindi suele quemar la basura.

Se llevó las manos hacia abajo, y sintió la cabeza del bebé que estaba a punto de nacer. En ese instante dejó de pensar. La criatura tiene que salir. Sabía que una vez afuera, ella no sentiría más dolor.

—El bebé tiene que salir. Tiene que salir, tiene que salir... —repetía en voz baja. —¡Ayúdalo a nacer! —Ordenaba, como si se lo estaba diciendo a otra persona. —¡Puja!

Ahh gimió y sintió el cosquilleo del calambre en las piernas. Agarró con una mano el cinc, mientras apoyaba la otra mano en la rodilla. La barriga subía y bajaba en un concierto incesante de espasmos. Hilos de baba, le colgaban de las nalgas y se mecían como péndulos. Miró entre las piernas y constató con alegría que la cabeza del bebé estaba casi afuera.

Aunque el dolor se hizo menos fuerte, pujó una vez más. Al sentir que el cuerpecito estaba a punto de salir de sus entrañas, metió la mano para atajarlo. No tuvo necesidad de halar, el bebé ya estaba afuera.

Se arrodilló por primera vez con el bebé en brazos y lo escuchó llorar. Lo abrazó y mientras empezaba a cubrirlo con la franela que se había quitado hace un instante, Mam'Mirembe, la vecina entró en la casa, y al verla de rodillas, corrió a ayudar.

—¡Mija! —exclamó la mujer y fue directo a la cocina en busca de un cuchillo.

Cortó con mano experta el cordón umbilical y arropó al bebé con el primer pedazo de tela al alcance.

—Es un secreto —Le confesó la recién parida sin contener las lágrimas. —prométame que no le va a decir a nadie Mam'Mirembe.

—Tu mamá me contó lo que pasó y me pidió que estuviera pendiente... Hay que buscá una comadrona o llevate al hospital, porque no has soltado la torta, si no, te vas a enfermá.

—¿La torta?

—Hijita, es como parí otra vez, pero sin dolor. Si no la sacas, te vas a enfermá, porque eso se pudre adentro di una, —Le explicó Mam' Mirembe mientras le entregaba el bultito a la joven.

—Pero ella está bien. —Agregó la mujer.

—¿Ella?

—Sí, es una niña.

Capítulo

39

(1997)
Soweto, Sudáfrica

MAM'AKINDI ESTABA SENTADA jugando con la bebita en el regazo, mientras esperaba a que Mam'Dikeledi la atendiera. En el piso, al lado de la silla donde tomó asiento, Mam'Akindi había puesto la bolsa con la poca ropa de bebé que había conseguido. Eran cosas viejas que sus propios hijos habían usado de pequeños, además de unas mantas que Mam'Mirembe le había regalado a su hija al encontrarla recién parida en el piso de la sala.

Sintió una punzada de vergüenza al recordar como tuvo que explicarle a Mam'Mirembe las circunstancias del embarazo de su hija, no porque Mam'Mirembe le haya pedido explicación alguna, sino porque necesitaba a alguien de confianza que ayudara a la muchacha en caso de necesidad, justo ahora cuando el resto de la familia patrullaba cerca de la estación.

El bultito que descansaba en su regazo comenzó a moverse. De repente la niñita sacó los bracitos debajo de la manta y empezó a verse los dedos. Mam'Akindi sonrió con sorpresa por la precocidad de la niña.

—Tú vas a ser una mujercita preguntona, ¿no es así? Mira que lo que tienes son dos días de nacida y ya te encontraste las manos. —Le susurró a la recién nacida.

Los pasos de quien al parecer era Mam'Dikeledi la hicieron levantar la cabeza.

—Bienvenida Mam'Akindi, mi nombre es Dikeledi, dijo extendiendo la mano.

—Gracias Mam'Dikeledi —contestó mostrando una sonrisa sin dientes.

—Venga por favor, contestó la segunda encaminándose por un corredor que estaba iluminado por la luz del día que se colaba a través de los bloques perforados. Al fondo se escuchaban niños jugando en lo que parecía el patio trasero del caserón. Camino a la oficina del fondo, Mam'Akindi pudo ver las habitaciones de lo que sería el nuevo hogar de su nieta.

Al final del pasillo, había una oficina, con paredes color amarillo pálido. Había una mesa, un archivo de metal y sobre éste, un ventilador que trabajaba incesantemente. Cuando las dos entraron, Mam'Dikeledi cerró la puerta e invitó a Mam'Akindi a sentarse.

—Me imagino que viene por el bebé que lleva en brazos, ¿no es así?

—Sí, desgraciadamente mi hija no puede hacerse cargo de la niña, por eso se me ocurrió que la mejor manera de ayudar a esta criatura es entregándola a un sitio como este.

—¿Su hija? —repitió Mam'Dikeledi inquisitiva. —¿Porqué no vino ella misma a entregarla?

—La atacaron una tarde que salió a comprar queroseno y quedó embarazada. —dijo Mam'Akindi bajando la cabeza.

—Lo siento mucho —respondió Mam'Dikeledi en voz baja.

—Yo también lo siento mucho... —dijo Mam'Akindi bajando la cabeza al recordar el estado en que encontró a su hija después del ataque. «¿cómo denunciar el caso a un cuerpo de policía que ni siquiera se atrevía a patrullar en Kliptown?», —pensó.

Mam'Dikeledi interrumpió los pensamientos de Mam'Akindi al anunciar —El procedimiento es muy sencillo, primero anotamos toda la información posible acerca de la niña y luego iniciamos el proceso. Esto no significa que ella será entregada en adopción de inmediato, ya que hay que hacerle pruebas de sangre para descartar que la bebé sea HIV positivo o que tenga hepatitis. Hay veces en que los padres participan en el proceso de adopción.

—¿Cómo es eso?

—Bueno, hay padres que ayudan a seleccionar a los candidatos más apropiados para el bebé.

—Nosotros no —dijo Mam'Akindi enfática—, desgraciadamente mi muchacha no quiere contacto con el bebé. Ella es muy joven y tiene mucho que sanar.

—Entiendo... —respondió Mam'Dikeledi, mirando a Mam'Akindi por encima de los lentes— Entonces no hay mucho que decir. Hay unos papeles que deben firmar y entregar a la niña, pero una vez que han entregado los documentos firmados, no hay vuelta atrás.

—¿Firmar? No sabemos firmar. Sabemos que va a llover, porque huele a tierra mojada y cuando llueve en Kliptown, el agua no cae del cielo, sale de las casas. Sabemos que es de noche, porque todo se pone oscuro y también sabemos que en la noche azul, el cielo se llena de estrellas y la esperanza palpita en el pecho. La noche negra es diferente... A mi hija le cayó la noche negra. —remató Mam'Akindi con los ojos húmedos.

—Disculpe la torpeza Mam'Akindi —respondió Mam'Dikeledi, bajando los ojos, amonestándose por la tontería que acababa de cometer. Acababa de escuchar la voz de una mujer que no estaba acostumbrada a recibir nada bueno de la vida. Resignación pura y simple fue lo que salió de la boca de Mam'Akindi, resignación y dolor.

— ¿Cómo se llama la bebé? —se atrevió a preguntar, luego de una pausa.

—No tiene nombre, pero me gustaría que se llamara Taraji.

—Taraji, —repitió Mam'Dikeledi llenando los pulmones de aire—. Bonito nombre —dijo sonriendo—, ¿sabía usted que Taraji significa esperanza?

—Sí, y solamente deseo que a Taraji le caiga la noche azul —dijo Mam'Akindi mientras le entregaba la niña a Mam'Dekeledi.

(2002)
Farum - Dinamarca
JACOB

JACOB SE BAJÓ del carro a toda velocidad, pero antes de entrar a la casa, le echó una mirada al viejo Volvo 740 para asegurarse de que lo había estacionado bien alineado hacia la izquierda. No tenía ganas de escuchar las quejas de la Sra. Frederiksen acerca de lo estrecho del callejón.

«Eso explica porqué Peter nunca la visita...», —pensó él.

Liva lo llamó por teléfono y le pidió que viniera lo más rápido posible. Así, sin más detalles. Jacob apretó el paso hacia la casa, a través del caminito de piedras que conduce a la puerta de la cocina, empujó con el pie la manguera de regar el jardín que yacía atravesada. Liva olvidó ponerla en su sitio esta mañana, o Carson se puso a jugar con ella, se imaginó Jacob mientras entraba en la casa.

Al abrir la puerta, Jacob encontró a Liva llorando, sentada en la mesita de la cocina con una taza de té, mientras sostenía una hoja de papel blanco con un membrete que se podía ver al trasluz. Carson que estaba acostado a los pies de Liva salió a recibirlo meneando la cola.

—¿Qué pasó?

—Nada malo, mi amor. Estoy llorando de alegría.

—Sí, pero cuando me llamaste a la oficina la voz que tenías era como si algo grave había pasado, ¿por qué no me lo aclaraste antes de salir?

Liva le extendió la hoja de papel que tenía en la mano, ignorando el comentario.

Jacob tomó el papel y le echó una primera hojeada. Mientras leía, los ojos se le iban llenando de lágrimas.

Era un correo electrónico de la agencia.

Sres. Liva y Jacob Ravn
Bakkevej 11
DK-3520 - Farum

Johannesburgo 25 de enero 2002

En referencia al caso # 16387526, y después de haber estudiado los recaudos anexos a la solicitud de adopción introducida por ustedes el 28 de agosto del 2001, es un placer informarles que han sido aprobados por esta oficina en reunión celebrada el 20 de enero de 2002.

De acuerdo con la normativa interna de esta agencia, tenemos el inmenso placer de informarles que tenemos a Taraji, una niña de cinco años de edad, en perfecto estado de salud que requiere de un hogar amoroso que se haga cargo de ella. Por esa razón, nos gustaría presentarla a su amable consideración debido a que corresponde en edad con su perfil de adopción.

En caso de que la candidata no sea de su conveniencia, le agradeceríamos nos los haga saber a la mayor brevedad posible.

Sin más a que hacer referencia, se despide de usted.

Muy cordialmente,

Agencia de Adopción "Padres del Sagrado Corazón"

—¡Esto hay que celebrarlo con una cerveza bien fría!

Liva se levantó, y lo abrazó, mientras Carson daba saltitos alrededor de ellos.

—Felicidades, ahora te puedes llamar papá, —dijo dándole un beso corto en los labios.

Jacob la abrazó con fuerza y escondió la cara entre los cabellos de su mujer, luego la alzó y empezó a dar vueltas con ella en brazos.

—¡Cuidado que me tumbas, loco! —le oyó decir mientras Carson ladraba detrás de ellos.

—Felicidades mamá. —susurró él con la voz quebrada de emoción.

—Parece mentira que estemos a un paso de tener a nuestra hija. ¡Nuestra hija Jacob!

—Síííí, —murmuró él.

Liva, como buena planificadora, quería empezar a hacer los planes de inmediato y Jacob la entendía, ya que hace casi tres años cuando introdujeron la primera solicitud. Al parecer ya estaban al final de un largo camino.

Liva lo tomó de la mano y le mostró la lista de cosas pendientes que había escrito mientras esperaba a que él llegara. Él revisó lo que ella había anotado, y no le quedó otra que admirar la persistencia de su esposa. Una vez más había rendido frutos.

GRACIAS AL PANFLETO amarillo, Liva y Jacob estaban felizmente casados. Laurits y Rasmus también tenían su cuota de responsabilidad, ya que ellos, cansados como estaban de que Jacob no echaba una cana al aire, casi lo arrastraron al festival de Roskilde en 1984.

Rasmus puso el panfleto sobre la mesa en la cantina de la facultad y anunció con solemnidad que él estaba en la misión de apartar a Jacob de los libros, aunque fuese cinco días. En el fondo, a Rasmus le preocupaba que el tiempo pasara y su mejor amigo se quedara señorito.

Jacob pensó que se trataba de una broma, tomó el pedazo de cartón que mostraba la imagen de una carpa de circo, era una fotografía tomada a distancia. La carpa estaba rodeada de un campo de flores amarillas. Luego las fechas del festival escritas en el mismo color anaranjado de la carpa y más abajo, la lista de las bandas que iban a participar: Lou Reed, Poul Young, Gnags y TV-2, luego las letras se hicieron más pequeñas indicando los grupos menos conocidos.

—Aquí tienes la entrada. —dijo Rasmus, poniendo el billete sobre la mesa.— Laurits y yo la compramos, así que no tienes excusa.

Jacob soltó una carcajada, se levantó y le dio un abrazo.

—¡Ustedes son unos coños! —dijo refiriéndose a Rasmus y Laurits— Al menos déjenme pagar las cervezas.

Se embarcaron en una orgía de *rock 'n' roll*, cervezas, música pop y lodo, mucho lodo.

La noche del concierto de Gnags, Jacob terminó solo, ya que Laurits y Rasmus andaban con unas chicas que habían conocido la noche anterior. Al parecer, sus dos amigos se olvidaron de la misión de hacerle perder la virginidad.

El ambiente era increíble, la gente danzando, el olor a cuerpos sudados después de tantos días sin pasar bajo la ducha y el olor a cerveza. Todo entremezclado. A nadie le importaba, ya que eso era el alma del festival. Jacob se acercó como pudo a la tarima, mientras Gnags cantaba *"Slingrer ned ad Vestergade"*. Se fue abriendo paso entre la marea de brazos alzados y allí estaba ella, absorta con la canción. Los mechones castaños le caían sobre los hombros desnudos. Jacob perdió la noción del tiempo estudiando a la chica. La canción terminó y ni se dio cuenta y fue ella quien se dirigió hacia donde él estaba.

—¡Hola!

«A mí no me pasan estas cosas», —pensó Jacob. —Seguro que no es conmigo, murmuró él. —Mientras se volteaba para verle la cara al afortunado.

—Es contigo, —dijo ella riendo, mientras le extendía la mano— me llamo Liva, ¿y tú?

—Jacob —dijo con la boca seca, contando los segundos antes de que ella saliera corriendo muerta de aburrimiento.

Muchos dicen a falta de atributos físicos, es bueno tener labia. No en el caso de Jacob, ya que él no abrió la boca mientras estuvo con ella. Liva le contó su vida y sus sueños y Jacob debió haber hecho preguntas, porque ella se quedó con él toda la noche. Él, gustoso se hubiese convertido en un par de orejas gigantes con dos ojos en el medio para admirar las pupilas color tamarindo de la joven y la forma casual como ella apartaba el cabello de los hombros. No le hubiese importado escuchar todo lo que ella quisiera contarle.

Le alegró que ella también viviera en Copenhague. También se enteró de que ella estudiaba diseño, y de que su ídolo era David Carson, y que ella tenía muchas ganas de viajar a tierras exóticas.

Se dieron besos torpes con sabor a cerveza, a salchichas, a tostadas, y a gloria; y terminaron amándose en la primera carpa que encontraron disponible.

Ahora quienes resentía la ausencia de Jacob eran Rasmus y Laurits.

Jacob pensó que Liva desaparecería sin rastro, cuando los vapores de las cervezas que se habían tomado la noche anterior le aclararan el entendimiento. Se imaginó y que lo que habían compartido juntos, sería la historia que Liva iba a contarle a sus amigas como parte de sus vivencias en el festival. Jacob también se equivocó en eso. El fin de semana siguiente volvieron a verse y luego el siguiente y todos los que vinieron después. Ya él casi no dormía en campus.

—Liva y yo nos mudamos juntos —anunció Jacob a sus amigos, en una de esas salidas de los viernes.

Se alegraron, pero poco a poco se fueron distanciando. Después de unos meses viviendo juntos, Liva y él acordaron hacer un alto en los estudios e irse medio año a ver otras culturas, sentir el mundo en primera persona...

Vieron el Ganges sagrado, comieron *kothu roti* en las calles de Colombo, bucearon en Sihanoukville, disfrutaron el Grand Palace en Bangkok, admiraron las torres de Po Nagar, cerca del pueblo Nha Trang. El único equipaje que llevaban encima fue lo que pudieron meter en las mochilas.

Cuando regresaron a Dinamarca, se graduaron, empezaron a trabajar y pasaron catorce años. Como soplar la llama de una vela. Jacob le propuso matrimonio y Liva aceptó con la condición, de que antes de saltar al mundo de los adultos, aunque ya para ese entonces hacía rato que habían pasado los treinta, debían celebrarlo, donde se conocieron: El festival de Roskilde 1998.

Esta vez no sería con las canciones de Gnags ni TV•2, sino Kraftwerk, Black Sabbath, Oscar D'Leon y D.A.D.

El festival fue memorable, ya que Liva y Jacob derribaron unas cuantas barreras. Se embriagaron con todas las cervezas que les cupo en el estómago, como la primera vez. Nuevamente hicieron el amor en la primera carpa que encontraron disponible. Ambos se estrenaron bailando salsa y corrieron desnudos en la primera carrera de la historia del festival. Así se declararon oficialmente listos para sentar cabeza y formar familia.

Capítulo 41

JACOB

DESPUÉS DE UNA parada en Zúrich y diez horas y media de vuelo, Jacob y Liva llegaron al aeropuerto internacional O.R. Tambo en Johannesburgo. Ninguno de los dos había estado antes en Sudáfrica. Lo más emblemático de este viaje era Taraji.

No habían tenido oportunidad de ver fotos de la niña y aún así, ya la sentían como algo suyo. Se referían a Taraji como si hubiese estado con ellos desde siempre.

Al pensar en todo lo que habían superado juntos, Jacob sintió renovada pena por Liva y las incontables noches que lloró al constatar que no lograba salir embarazada. Era como si con cada período, su corazón se desangraba también. Él aceptó el camino de la adopción, porque fue Liva quien lo propuso. Él jamás se hubiese atrevido a mencionarlo, ya que no quería presionar a su mujer. Sin embargo, le alegró que ella tomara la iniciativa.

—¿Te imaginas que Taraji no quiera venirse con nosotros? —Le preguntó Liva con aire preocupado.

—Todo va a salir bien. La agencia ha hecho esto miles de veces, ellos saben lo que están haciendo... Además, nos tenemos que quedar aquí un mes. Ella se va a acostumbrar a nosotros, ya verás... —Le dijo Jacob en tono confiado, más para convencerse a sí mismo, ya que a él también le asaltó la duda, ¿y si algo sale mal? —se preguntó más de una vez.

—Sí, tienes razón, no hay nada de qué preocuparse. —le contestó ella mirando por la ventanilla.

El tráfico se puso lento y Jacob pudo ver, al otro lado de la calle, a un barbero en plena faena. En ese preciso instante el hombre terminaba de cortarle los rizos a un cliente y este examinaba los resultados, a través de un espejo roto.

«Cuan diferentes son las cosas en este lado del mundo...», pensó Jacob al ver lo precario del negocio.

El conductor del taxi se detuvo frente al hotel y se bajó del carro para ayudarlos a sacar las maletas. Le pagaron, el chofer les deseó suerte, volvió al carro y desapareció en el bullicio de la Johannesburgo.

Una vez en la habitación, Liva se lavó la cara y Jacob contactó a la agencia de adopciones para reportar que ya estaban en la ciudad. Acordaron en reunirse en una hora.

Considerando que se trataba de un hotel tres estrellas, el lujo de la habitación era imposible de ignorar. La cama matrimonial estaba cubierta con lencería en blanco y verde pálido, rematados con dos juegos de almohadas a cada lado de la cabecera. El verde de las sábanas, hacía juego con la silueta de una pareja desnuda pintada a mano en la pared del fondo.

Jacob abrió la ventana y el ruido ensordecedor de la calle, lo obligó a cerrarla de inmediato.

Una vez listos, tomaron otro taxi hacia la sede de la agencia. Cuando llegaron, un señor bajito con lentes oscuros y pantalones blancos los esperaba frente a un edificio de paredes que una vez fueron blancas. Parches anaranjados de humedad se habían apoderado de la fachada.

El hombre les hizo señas a que pasaran a través de una puerta estrecha y los hizo esperar en una habitación de cortinas anaranjadas y sillas marrones.

Liva y Jacob no intercambiaron palabras, ya que estaban alerta a casa sonido. Escoltada por el hombre que los recibió en el portal, una mujer corpulenta les dio la bienvenida con una sonrisa magnífica, iluminando la habitación con el vestido rojo que llevaba puesto y el turbante verde que le envolvía la cabeza.

—Bienvenidos, por favor disculpen la espera. Mi nombre es Bahati

—dijo al extenderles la mano— ¿Les gustaría tomar una taza de té? —preguntó solícita.

—Un vaso de agua es suficiente, —dijo Jacob y Liva estuvo de acuerdo.

La señora le hizo señas al hombre y él, a su vez, le pasó la orden a una tercera persona que ni Liva ni Jacob pudieron ver desde donde estaban sentados.

—¿Ustedes vienen por Taraji, no es así?

—Sí, —contestó Liva sonriendo, mientras Jacob ordenaba los documentos que debían entregar.

—¿Me muestran los documentos?

—Sí, estoy separando los originales de las copias. —dijo Jacob sin apartarle la vista al sobre Manila.

El hombre regresó con el agua.

—Todo está allí dentro —anunció Jacob al entregarle los documentos a Mam'Bahati.

Ella sacó los papeles y le echó una breve ojeada. —Todo parece en orden —declaró satisfecha, mientras Jacob y Liva bebían el agua.

—Bueno, si ustedes no tienen objeción, creo que es hora de ir a conocer a Taraji. —declaró la mujer.

Capítulo 42

LIVA

CAMINO AL ORFANATO *Mercy May*, ambos pudieron apreciar la realidad de la pobreza de ese lado del mundo. Carreteras laceradas de huecos alternaban con caminos de tierra. Había todo tipo de tenderetes a ambos lados de la vía, montones de basura apilados al lado de vendedores ambulantes de comida, mientras perros y cabras sin dueño hurgaban por igual entre los desperdicios.

Liva echó una mirada hacia atrás y lo único que alcanzó a ver fue la nube de polvo rojizo que levantaba el taxi al abrirse paso por las calles de Soweto, lo que le recordó el largo viaje que ella hizo con Jacob a Benarés para ver el río sagrado.

A pesar de que Liva no tenía más que recuerdos gratos, y que atesoraba con alegría los atardeceres que presenció a orillas del Ganges, la increíble energía y la conciencia espiritual que evocaba aquel lugar. Ella no pudo dejar de recordar el tufo a heces, que asaltaba los sentidos.

En cierta forma, ella se imaginó algo parecido aquí en Soweto, pero aquí olía a polvo, más que todo a aire contaminado por el humo.

«Esmog es el olor de Soweto», —pensó, mientras el carro los llevaba al orfanato.

Liva miró hacia el camino que iban dejando atrás y vio unos niños jugando al fútbol entre la nube rojiza de polvo. Luego pasaron una valla que decía: "Bienvenido a Soweto". Al ver las torres de la vieja planta de energía, apuntó hacia ellas para que Jacob también las mirara.

—Esa es la planta de energía Orlando, —comentó el chofer mirando brevemente por el retrovisor— electricidad para Johannesburgo, pero ya está cerrada.

—¿Johannesburgo? —preguntó ella— y ¿qué hay de Soweto? —agregó moviéndose hacia adelante para escuchar mejor la explicación del taxista.

—No, no es para Soweto. La electricidad es demasiado cara para la mayoría de nosotros. Las torres están aquí, pero la electricidad es para Johannesburgo.

Liva no supo que decir, asintió y se recostó en el asiento.

—Leí la otra vez que alguien se estaba quejando en Dinamarca, porque una chimenea le estaba arruinando el paisaje, —le comentó a Jacob en danés.

—Debería darnos vergüenza, —dijo él en voz baja— tantos privilegios y todavía nos quejamos...

Ella asintió y siguió estudiando el paisaje.

—Creo que llegamos —anunció el chofer al detenerse frente a una casa verde.

Una reja azul rodeaba *Mercy May*. Dos damas que parecían gemelas estaban paradas al frente, esperando por ellos.

—Bienvenidos a *Mercy May*, me llamo Candis y ella es Mam'Dede, —dijo una de ellas al recibirlos.

—Gracias Mam'Candis, dijo la mujer y luego dirigiéndose a Liva y a Jacob, les dio la bienvenida.

—¿Tuvieron un bien viaje? —preguntó Mam'Dede

—Sí, muy bien, gracias. Es nuestro primer viaje, y seguramente no será el último, —aseguró Liva extendiendo la mano para saludar a las dos mujeres.

Después de los saludos, los hicieron pasar a un salón con cortinas azul oscuro. Al fondo había una librera con algo que parecían trofeos. Al pie de la librera había dos hileras de cajas de cartón apiladas una encima de la otra y delante de las cajas, había tres sillas blancas de plástico. Desde donde estaban, se escuchaban las risas de unos niños jugando afuera.

—¿Gustan tomar una taza de té o café?, preguntó Mam'Dede.

—Una taza de té, estaría bien, —dijo Liva.

—Sabemos que están deseosos por conocer a Taraji, —intervino Mam'Candis—, pero sería bueno informarles acerca del procedimiento para hacer la entrega lo menos traumática posible.

—Sí, sí por supuesto que estamos de acuerdo. —se apuraron a decir, ya que no querían dar la impresión de que iban a salir corriendo al aeropuerto inmediatamente después de que les entregaran a la niña.

—Una taza de té para mí, —repitió Liva frotándose las manos.

—Y otra para mí, —agregó Jacob tomando la mano de su esposa para tranquilizarla.

Mam'Candis salió de la habitación a preparar el té.

—Normalmente, los primeros encuentros con Taraji van a ser supervisados. Es decir, las primeras veces serán visitas cortas. Ustedes vienen, están con ella y personal de *Mercy May* va a estar al alcance, hasta que Taraji se acostumbre a ustedes.

—Verán, —continuó Mam'Dede bajando la voz— es importante que estos primeros encuentros con Taraji sean lo menos traumático posible. Taraji es, desgraciadamente, producto de la delincuencia en Soweto.

En eso llegó Mam'Candis portando, en una mano, las tazas apiladas sobre un plato llano que le servía de bandeja y una olla de agua caliente en la otra, acomodó todo sobre una de las cajas de cartón que estaba al fondo y desapareció otra vez, para luego aparecer con una taza llena de azúcar y cucharillas.

Mam'Dede la puso al tanto de lo que le había dicho a Liva y a Jacob, mientras ella procedía a llenar las tazas con un líquido rojizo.

—Es té de Rooibos, ¿lo conocen? —preguntó la mujer sonriendo.

—No la verdad que es primera vez —comentó Jacob al recibir la taza.

—Tampoco yo lo he tomado antes —admitió Liva.

—Le añadí un toque de vainilla para resaltar la dulzura natural, de lo contrario les va a saber un poco a tabaco, —explicó Mam'Candis tomando un sorbo de la infusión.

—Me pregunto —vaciló Liva— ¿por qué nunca tuvimos contacto directo con ustedes?

Las dos damas intercambiaron miradas, pero no parecieron

sorprendidas por la pregunta. Jacob en cambio, le lanzó a su mujer una mirada de reproche.

—Mucha gente nos pregunta lo mismo, —aclaró Mam'Dede sonriendo amablemente. —La mayoría de los orfanatos en Soweto, se mantienen con la ayuda de voluntarios. El poco dinero que recibimos es para comprar lo esencial: comida, pañales, las camas, en fin... Los intermediarios se encargan de los trámites y el trabajo de oficina. —dijo estudiando la reacción de la pareja.

—Era simple curiosidad, —dijo Liva a manera de disculpa.

—¿Están listos?

—Hace tres años que estamos listos. —dijo ella con voz temblorosa, mientras Jacob le ponía la mano en el hombro y le besaba la mejilla.

Las dos damas los hicieron atravesar una cortina que conducía a un pasillo, mucho más oscuro que la habitación que acababan de dejar. Al fondo, había un salón con mesas largas que hacía de comedor y que desembocaba en un patio de árboles frondosos donde había unos veinte niños jugando.

—¡Taraji! —voceó Mma'Candis.

Una niñita de trenzas atadas con unas cintas blancas, camiseta rosada y pantalones cortos azules se volteó a ver quien la llamaba.

(2013)

—¿QUÉ HAY EN la tele? —preguntó mi mamá desde la cocina.

—Un programa acerca de rastrear personas desaparecidas, acércate y lo vemos juntas —le dije a mi mamá haciendo espacio en el sofá para que se sentara conmigo.

—Déjame terminar de arreglar la cocina y voy.

—Cuando termines en la cocina te habrás perdido la mitad del programa, anda ven y te ayudo cuando el programa termine. —le dije picándole el ojo.

—Está bien, —dijo mi mamá secándose las manos con el paño de cocina que le colgaba del hombro y se vino a sentar conmigo.

—¿De qué se trata? —me preguntó al sentarse en el sofá.

—Es acerca de un muchacho de Vietnam que fue adoptado por padres daneses y ahora está buscando a su familia biológica. —le comenté entusiasmada sin quitarle la vista a la pantalla— El programa es muy interesante, ya que el equipo de reporteros hace investigación y hasta van a viajar Vietnam para contactar a la familia.

De repente, alcé la mirada y noté que mi mamá tenía la vista en blanco, como si la hubiesen hipnotizado.

—¿Qué pasa mamá? Parece que hubieses visto un fantasma.

En eso, escuchamos la puerta de la cocina al cerrarse. Era mi papá que acababa de llegar de darle un paseo a Carson.

—¡Este pobre perro no da más! Los años le están pegando, ya no quiere caminar. Tuve que cargarlo todo el trayecto de vuelta.—se quejó mi papá mientras se quitaba la chaqueta. —¿Qué están viendo mis dos princesas? —preguntó asomando la cabeza desde la cocina.

Mi mamá se levantó del sofá, tomó un plato que estaba sobre la mesa y se fue directo a recibirlo.

«¿Cuándo no?», —pensé irritada.

De repente, por alguna misteriosa razón, mi mamá se perdía en el espacio y había que agarrarle el brazo para hacerla volver a la realidad. No voy a negar que me enfurecía cuando se comportaba así, ya que casi siempre me dejaba con la palabra en la boca, para luego hacer como si nada...

Vino una pausa de anuncios comerciales y aproveché para acercarme a la cocina.

Al verme, los dos guardaron silencio.

—¿Qué pasa con ustedes?

—Nada —respondió mi papá en tono neutro y mi mamá que no había soltado el plato que había recogido de la mesa, se volteó para meterlo en el lavaplatos.

—¡Seguro! —Dije agarrando a Carson que estaba debajo de la mesa y volví a la sala a terminar de ver el programa.

UN CHILLIDO DE cauchos al frenar nos hizo salir de la casa a ver qué pasaba. Comprendimos que algo terrible había pasado en el vecindario, ya que justo después del frenazo, se escuchó un aullido de animal herido. Al llegar a la calle principal, no había señales de vehículo alguno, solamente un bulto de ricitos de cobre tirado a un lado de la acera.

Me acerqué convencida de que el desgraciado había matado al perro y se había dado a la fuga, pero gratamente descubrimos que el perrito estaba vivo. No estaba segura de agarrarlo por miedo a que me mordiera, pero no lo iba a dejar tirado en la calle, así que me atreví a pasarle la mano por el lomo.

Mi mamá y mi papá, sugirieron esperar a que llegara el dueño.

—¿Por qué mejor no lo llevamos a la casa y si sobrevive, yo misma hago unos carteles y los pego por aquí para que el dueño nos contacte?

—¿Y si Carson se pone celoso? —preguntó mi papá con una risita pícara.

Ignoré el comentario y le revisé el collar al perro. Le colgaba una chapa de estaño que decía *"Brandy"*. Tomé al perro y lo acuné en mis brazos.

—Brandy se queda con nosotros hasta que aparezca el dueño, —dije emprendiendo el camino de vuelta.

Capítulo 44

—¡VOOOY!

Abrí la puerta de golpe para encarar al idiota que estaba pegado del timbre.

—¡Dios mío! —Mascullé.

—¡Hola! —dijo el extraño sonriendo.

La visión del joven que estaba parado frente a mí me agarró de sorpresa. La palabra "bello" no le hacía justicia. Me imaginé que tendría unos veinte años cuando mucho. Sus ojos azules enmarcados con las pestañas cobrizas hacían un contraste encantador con el cabello descolorado. Enrojecí al darme cuenta que el visitante me pilló en falta, mientras estudiaba detalladamente su torso estrecho.

No pareció molestarle, al contrario me devolvió una mirada burlona.

—¿Sí? —pregunté tratando de recobrar la compostura.

Me mostró la hoja de papel que llevaba en la mano y caí en cuenta de que había venido por los carteles que puse solicitando al dueño de Brandy.

—Me llamo Nicklas, —dijo extendiendo la mano.

—Taraji, ejem, disculpa la brusquedad —le dije apuntando hacia la puerta.

—No hay problema, soy yo el que tiene que pedir disculpas, —dijo bajando los ojos y luego de una breve pausa preguntó— ¿cómo está Brandy?

—Se está recuperando, mi papá la llevó al veterinario para asegurarse de que no tenía hemorragia interna. Solamente tiene unas raspaduras en las patas delanteras y el susto, creo. —agregué haciendo un ademán para que me siguiera hasta el lavandero.

Al verlo entrar, Brandy empezó a menear la cola, lo que descartó mis sospechas de que el extraño no fuera el verdadero dueño del perro. Con un movimiento de pantera Nicklas se puso de cuclillas y tomó a Brandy en los brazos. Brandy, por su parte, apoyó la cabeza en el hombro del adonis. Le pedí al cielo que me dejara tomar el lugar del cachorro aunque fuese por unos segundos.

No pude evitar pensar en los pantalones grises de andar en casa y la franela rosada que tenía puestos, «cómo me hubiera gustado llevar algo más presentable», —me amonesté en silencio.

—No vayan a creer que no cuidamos a Brandy —trató él de explicar—, lo que pasa es que ella está nueva en la casa y se escapa al menor descuido.

—No tienes nada que explicar, nosotros hemos pasado por lo mismo con Carson.

Al escuchar su nombre, Carson entró al lavandero arrastrando las patas.

—¡Qué coincidencia, otro *Cocker*! —rio Nicklas perplejo.

—Sí, pero Carson ya está viejo, se cansa de nada... —le comenté mientras levantaba la mota de pelos blancos con manchas negras que era mi perro fiel y lo acuné en los brazos.

—¿Y ese nombre?

—Si mal no recuerdo, es un artista gráfico famoso, el ídolo de mi mamá.

—¿Cuántos años tiene?

—No estoy segura, ya que cuando me trajeron, Carson era un cachorro. Yo soy adoptada de Sudáfrica.

Me sorprendió decir lo de la adopción. Normalmente, no hablaba de eso, a menos que me preguntaran directamente, pero algo pasó con Nicklas que sentí la necesidad de decirle.

Sus ojos se iluminaron.

—¿De Ciudad del Cabo? —quiso saber.

—No, Johannesburgo. ¿Has estado en Sudáfrica?

—No, pero he leído mucho acerca de Ciudad del Cabo. Algún día me gustaría ir, ¿y tú?

—Tampoco he ido, pero me gustaría... El otro día, vi un programa acerca de un muchacho de Vietnam que estaba buscado a sus parientes...

—Ah, sí yo también he visto el programa... ¿Te gustaría encontrar a tu familia biológica?

Nos volvimos al escuchar pasos.

—¿Buenas? —interrumpió mi mamá con mirada inquisitiva.

Ah, mamá, mira él es Nicklas, Nicklas mi mamá. —Me apuré a decir mientras se daban la mano. Mi mamá, por su parte, apenas murmuró su propio nombre mientras lo estudiaba con mirada gélida.

—Mmm, la verdad es que no tengo cómo pagarles lo que hicieron por Brandy, mil gracias —murmuró Nicklas mirándome directamente a los ojos. —Nos gustaría cubrir los gastos del veterinario. —dijo él, ahora dirigiéndose a mi mamá.

—No faltaba más, no creo que mi papá acepte, de verdad que fue un placer. —intervine.

—De alguna manera tenemos que devolverles el favor, ¿no les parece? —Dijo él mirando alternativamente a mi mamá y a mí.

—Puedes traer a Brandy a visitar a Carson un día de estos, si quieres... —le sugerí.

—Buena idea, —dijo él mostrando unos dientes blanquísimos.

— ¿Seguro que no hay problema con lo del veterinario?

—No, de verdad. —Contesté y mi mamá me observó con lo que pareció un dejo de sorpresa, pero ignoré su reacción.

Sentí cosquillas en el estómago cuando Nicklas me sostuvo la mirada por última vez antes de encaminarse a la salida.

—Un placer —dijo Nicklas extendiendo la mano hacia mi mamá y ella le dio la mano sin decir palabra. Él continuó hacia la puerta con el perrito en brazos. Al llegar a la entrada, nos detuvimos donde mi papá suele estacionar el viejo Volvo.

—¿Y tú qué haces? ¿Estudias? ¿Trabajas? La verdad es que nunca te he visto por aquí... —La pregunta se me salió sin pensarlo y me sentí patética, pero él no pareció notarlo.

—Las dos cosas, primer año en el CBS en Administración de

Información y trabajo diez horas a la semana en el 7-eleven de la estación, ¿y tú?

—Nada del otro mundo, estoy en el último año de bachillerato, corro, a veces voy a escalar paredes en *Humlebaek* y cuido de perros heridos.

Nos reímos.

—¿Has pensado en qué vas a hace después?

—La verdad es que no sé, estoy indecisa entre tomar un año sabático, viajar un poco, encontrar mis raíces y luego cuando regrese veré que hago.

—¡Tara! —llamó mi mamá desde la casa.

Sentí las manos húmedas e instintivamente me las sequé en los pantalones. Al subir la mirada, Nicklas me estaba observando con cara seria.

—Tus ojos.

—¿Mis ojos? —pregunté frunciendo el ceño, insegura de si había escuchado bien.

—Nada —dijo él acurrucando a Brandy en los brazos y se alejó despacio.

Una ola de calor me subió por el cuello.

—Voooy —respondí volviendo a la realidad.

UNA FAMILIA COMO esa, reflexionó Nicklas mientras llevaba a Brandy en los brazos. Sacudió la cabeza, avergonzado por su falta de agradecimiento.

Era cierto que él nunca conoció a su papá, pero su madre le dio un hogar y lo llenó de amor y cuidados. Además, Nicklas aprendió, a través de ella, todo lo que hay que saber acerca del pan.

Su mamá era panadera. Ella aprendió el oficio de su padres, y cuando ellos se retiraron, la única de la familia que tuvo ganas de seguir en el negocio fue ella. No lo hizo de mala gana, ya que ella adoraba el olor dulzón del pan acabado de salir del horno.

A su madre nunca le importó levantarse a las tres de la mañana a preparar la masa del pan, esperar a hacerlo crecer y luego meterlo cuidadosamente en el horno. Ella siempre decía que no iba a expandir el negocio para no tener que industrializar la producción. La única concesión que hizo fue la de comprar las mezcladoras, cuando una lesión en el hombro derecho, gracias a las muchas horas amasando, casi la obliga a dedicarse a otra cosa.

La preparación de los panes era tan importante para ella como la selección de los ingredientes y su mamá era capaz de discontinuar la producción de las bolas de maíz, si el distribuidor se aparecía con una harina diferente a la que ella estaba acostumbrada a usar.

El entusiasmo de su madre era contagioso, ya que solo bastaba verla poner los pañitos de cuadros rojos y blancos en las cestas que iba llenando con pan de manzanas, pan de cerveza, pan integral, *ciabattas*, bolas de maíz y pan de *müsli*, para comprobar que lo de ella era genuino interés por lo que pasaba en su panadería. Todo tenía que estar perfecto para exhibirlo en la vitrina que daba a la calle.

«Qué coincidencia», —pensó Nicklas— Los perros, el deseo de Taraji de conocer a su familia biológica, Sudáfrica... ¿qué más tendrían ellos en común? —murmuró Nicklas.

Capítulo 45

—TENGO UNA IDEA que quiero compartir con ustedes. —anuncié.

Mi mamá y mi papá esperaron a que me sirviera la salchicha de la parrillera. El aire del jardín estaba ligeramente húmedo, no soplaba la brisa y podíamos escuchar los gorriones cantando, escondidos en la enredadera que cubría la cerca del fondo de la terraza.

—A ver... cuéntanos —alentó mi papá con interés.

—Voy a contactar a la gente del programa que vi la otra vez, para ver si ellos me ayudan a encontrar a mi familia en Soweto, ¿qué les parece?

Mi mamá, estaba a punto de llevarse un bocado de pollo a la boca, pero al escucharme, dejó el tenedor en el aire y se quedó mirándome. Mi papá asintió con la cabeza, los ojos en blanco, hasta que finalmente intercambió miradas con mi mamá.

—¿Y-y eso? —preguntó mi mamá, poniendo el tenedor sobre el plato mientras llenaba un vaso con agua de una jarra que estaba sobre la mesa.

—Bueno... no sé, pura curiosidad, ¿qué les parece? —insistí mientras me mordía la uña del dedo índice.

—¿Le vas a escribir o ya le escribiste a la gente del programa? —preguntó mi mamá olvidando el agua, mientras se cruzaba de brazos.

No me gustó el tono, ni lo que mi mamá estaba implicando, casi sugiriendo que yo estaba actuando a espaldas de ellos.

Suspiré profundo.

—Quería hablarlo con ustedes primero, pero si no quieren, lo dejo así. —dije en voz baja.

—No, no hijita. No es eso... Lo que pasa es que nos cayó de sorpresa que quieras buscar a tu familia en Sudáfrica, nunca antes habías mostrado interés, a pesar de que nosotros hemos sido muy abiertos con respecto a tus orígenes... ¿No es así Liva? —dijo mi papá tratando de suavizar el tono.

Mi mamá no contestó. Se levantó de la mesa y empezó a ocuparse de la carne que se estaba asando en la parrillera.

—Vamos a disfrutar la comida y más tarde nos vamos al lago a ver la fogata de San Juan. Mañana será otro día y hablamos con más calma de tu plan, ¿qué dices? —propuso mi papá.

—No Jacob, no me parece buena idea eso de estar exhibiendo nuestra vida privada en un, en un... —mi mamá hizo una pausa en busca de la palabra adecuada— *Reality Show* —dijo al fin—. Además, nosotros no tenemos ningún contacto con el orfanato.

Mi papá le lanzó una mirada que no entendí.

—Mamá, no necesitas participar si no quieres, y por lo del orfanato, no te preocupes. Ellos tienen un equipo de reporteros que hace todo tipo de pesquisas. Tampoco, hay garantía de que me seleccionen a mí, ¿sabes cuantas personas adoptadas hay en Dinamarca? Imposible que yo sea la única...

—Nosotros te hemos dicho todo lo que sabemos, ¿no es suficiente? —replicó exasperada.

—Está bien mamá, era solamente una idea que me pasó por la cabeza.

—Mañana lo hablamos con calma, ¿okay? —insistió mi papá, observando a mi mamá con cierto aire de reproche.

A no ser por el ruido que provenía de la parrillera, un silencio de plomo cayó sobre nosotros. Una cigarra revoloteaba cerca de mi vaso, quizá atraída por el dulce de la gaseosa. El aroma de lilas mezclado con el humo proveniente de la parrillera llenaba el aire.

En otras condiciones, me hubiera gustado quedarme sentada con ellos, pero me resultaba incompresible la reacción de mi mamá. Si me atreví a mencionar mi plan fue por que ellos habían sido muy abiertos con respecto a lo de la adopción.

La verdad era que no entendía tanto misterio en relación con mi familia biológica. Lo peor eran los silencios de mi mamá... Cuando algo le molestaba, me metía en la nevera. Es decir, que pasaba días enteros sin dirigirme la palabra, en vez de ahorrarse la molestia y decirme qué diablos fue lo que hice mal...

Le eché una última mirada al plato. El caldo rojizo que manó del chorizo cuando lo tomé de la parrillera ahora se había transformado en un cebo amarillento nada apetecible. Lo pinché con el tenedor, lo miré desde varios ángulos y lo devolví al plato.

—Gracias por la comida —dije en voz baja. Me levanté despacio, tomé el plato y el vaso y me dirigí a la cocina.

Mi mamá dijo algo que no alcancé a oír.

Caminé hasta el fondo del pasillo, hacia mi habitación. A la izquierda, el cuarto de mis padres y al lado de ellos una tercera puerta de daba a una oficina que mi papá acondicionó especialmente para mi mamá. A esa distancia, pude escuchar el ruido de platos y cubiertos, por lo que me imaginé que ya estaban recogiendo todo de la terraza.

—¿Tara? ¿vas a venir con nosotros a ver la fogata? —preguntó mi papá desde el pasillo.

—¡Paso! —dije con voz enérgica desde mi habitación. Puse la portátil a un lado, me eché sobre la cama y me tapé la cara con una almohada. No quería oír cuando salieran.

—¿Estás segura de que no quieres venir? —dijo mi papá entrando a mi habitación.— Va a haber discurso en la fogata de este año, y hay venta de chocolate y cerveza. ¡Anda, anímate! —añadió halándome la media.

Al ver que yo no contestaba, mi papá agregó en un tono más serio.

—Tara, tu mamá te adora. Ella solamente quiere lo mejor para ti. No se te olvide, ¿okay?

—Entonces, ¿por qué no quiere ayudarme? —dije bajo la almohada.

—Si es tan importante para ti, no hay problema Tara, —dijo mi mamá desde la puerta.— pero te repito que no tenemos ningún contacto con el orfanato.

—Mamá, el equipo del programa se encarga de investigar. Yo solamente quiero saber de dónde salí, quién es mi mamá y por qué me dio en adopción.

Mi mamá se acercó y me abrazó y mi papá nos abrazó a las dos.

—Tara, no la juzgues que no es fácil ser persona en Soweto. —dijo mi mamá.

—Liva no lo pudiste expresar mejor. —intervino mi papá— Soweto y *Farum* son dos mundos totalmente diferentes Tara. Algún día lo vas a entender. ¿Estás segura de que no quieres venir a la fogata con nosotros?

—No, creo que mejor me quedo a terminar un trabajo que me mandaron en el liceo.

—En caso de que decidas salir, acuérdate de dejarnos un mensaje, ¿okay?

—Sí.

—LIVA, NO HABÍA necesidad de mentirle a Tara. —la amonestó Jacob apenas salieron de la casa— Le dijiste dos veces que nosotros no tenemos contacto con el orfanato. Dos veces —enfatizó él, haciendo una "V" con los dedos.

—¿Qué prefieres, que le cuente a Taraji lo que nos dijeron en el orfanato? —replicó Liva— Por eso es que ella siempre está de tu lado, tú nunca me defiendes...

—¡Un momento! No es justo que digas eso, Liva. Los dos sabíamos que esto iba a pasar. Es natural que ella quiera saber de donde viene, y si ella está de mi lado es porque yo la dejo respirar.

—Ah, ahora resulta que yo soy una mala madre... —dijo parándose para encarar a su marido.

—Mi amor, tú sabes bien que eres la mejor madre del mundo, —respondió Jacob rozándole la mejilla e hizo una pausa para dejar pasar a una pareja que venía detrás de ellos— ¿no es así? Lo que tienes que hacer es dejar de tratar a Taraji como si fuese una niña.

—A lo mejor tienes razón —concedió ella bajando la cabeza.

—¿A lo mejor? —preguntó Jacob con mirada pícara.

Los dos rieron y continuaron calle abajo.

Capítulo 46

—¿MAMÁ, PUEDO USAR tu computadora para imprimir una presentación? Es cortita, apenas cuatro páginas, te juro que no me tardo mucho... —le rogué desde la puerta.

Mi mamá se estaba bañando y una nube tenue de vapor salía a través de la ducha.

—Seguro hijita, pero apúrate —la escuché decir.

Mi papá estaba haciendo el desayuno para los tres, el olor a café recién colado llegaba hasta el pasillo. En el apuro por imprimir el documento, corrí descalza en diagonal hacia la oficina de mi mamá.

Cada vez que entraba a su oficina, tenía la sensación de que me encontraba en un lugar que no formaba parte de nuestra casa. A lo mejor porque la oficina estaba empapelada con un motivo que simulaba una cabaña de troncos de madera. La mesa, en forma de "L" estaba pegada hacia la pared y hacía que la estancia pareciera mucho más grande. Dos monitores descansaban en la parte más larga de la "L" y una computadora Mac estaba puesta en la sección más corta. Ante la ventana había una mesa con puesto para cuatro personas y las persianas anaranjadas, le daban al espacio una sombra amarillenta.

La Mac era intocable, ya que ahí era donde mi mamá trabajaba con los gráficos pesados, por eso me fui directo a la Dell.

Prendí la computadora, y una serie de luces verdes parpadeó en el *router.* Después de un par de minutos, y cuando ya todas las aplicaciones estaban a punto, tomé el *USB flash disk* donde había guardado el archivo que tenía que imprimir y lo inserté en el puerto. Hice clic en el ícono de

PowerPoint y el reloj de arena me indicó que esperara unos segundos.

Mientras la computadora hacía su trabajo, una serie de ventanas azules empezó a emerger en la esquina inferior derecha de la pantalla. Era Outlook mostrando los correos electrónicos que mi mamá no había leído, treinta y dos mensajes en total.

Despacio empezaron a salir los remitentes, dos de mi papá, logré ver, un montón de algunos clientes y me pareció ver uno del orfanato *Mercy May*.

Estuve a punto de leerlo, pero no me pareció correcto. El corazón empezó a latirme con violencia, porque aunque no teníamos por costumbre hurgar en nuestras cosas, no se me quitaba de la cabeza que aquel mensaje tenía algo que ver conmigo.

—¡No puede ser! —me repetía mil veces, mi mamá me dijo que ellos no tenían contacto con el orfanato. Debe ser otra cosa...

Desatendiendo cualquier llamado a la cordura, hice clic en la "O" de Outlook y la ventana con los correos se desplegó en la pantalla. Traté de revisar la bandeja de entrada pero la lista de mensajes era tan larga y el corazón me bombeaba con tal fuerza, que sentía el palpitar en las amígdalas. En cualquier instante, uno de los dos asomaría la cabeza en la oficina para recordarme lo del desayuno.

Me llené la barriga de aire en un suspiro profundo y busqué una vez más, pero no hallé nada. De repente en la sección de abajo vi unas carpetas que a las claras sugería que mi mamá archivaba copias de acuerdo con el contenido. Había una carpeta que decía "Entregado", la siguiente decía "Feedback", más abajo una que decía "Pendiente" y más abajo una que decía "Privado". Aposté a la carpeta "Privado" y me encontré con un mar de correos electrónicos y otra carpeta que decía "MM" en negrillas y un número uno al lado indicando la cantidad de correos sin leer en esa carpeta.

—"MM" eso suena a *Mercy May*, me dije.

Sin pensarlo mucho, hice doble clic y todos los mensajes de la carpeta quedaron al descubierto.

—¿Qué comes que adivinas? —susurré al comprobar que "MM" eran las iniciales de *Mercy May*.

El primer mensaje era del orfanato y le daban las gracias a mis padres por la última contribución. Sin tiempo para leer los mensajes hice *Crtl+A* para marcar todo lo que había en ese subdirectorio. Luego hice *Ctrl+C* y seleccioné el dispositivo portátil de mi *USB flash* y ejecuté *Ctrl+V* para vaciar el contenido de lo que había copiado de MM. Una serie de "sobres blancos" fueron apareciendo en la pantalla.

—¡El desayuno está listo! —gritó mi papá desde la cocina.

—¡Un minuto! —respondí para mantenerlo en la cocina.

El corazón me dio un vuelco, ya estaba segura de que no iba a poder imprimir presentación de PowerPoint. Lo importante era asegurar los mensajes de correo electrónico. Cuando el último "sobre" apareció en la pantalla, cerré Outlook y apagué la computadora.

Me levanté del escritorio y al poner la silla en su sitio, salté de espanto. Mi mamá estaba parada observándome desde el marco de la puerta envuelta en la bata de baño y con una toalla enrollada en la cabeza. La fragancia a verbena del jabón de Marsella invadió la habitación y nada parecía indicar que ella había notado lo que yo había hecho.

—¡Mamá! casi me matas del susto. —alcancé a decir.

—Disculpa hijita, ¿pudiste imprimir el documento?

—No pude, y ya no tengo tiempo. Lo intentaré en la sala de computadoras del liceo —dije pasándole por el lado en dirección a mi cuarto.

—¿Tara? —oí a mi mamá llamarme desde el pasillo.

—¿Ajá? —Pregunté sin voltearme.

—Se te olvidó el *USB flash.*

Giré en redondo y la vi agitando el dispositivo en la mano.

—¡Claro! —no sé dónde tengo la cabeza últimamente. Regresé a la oficina y mi mamá puso el aparatito en mi mano.

—Gracias —le dije sonriendo, pero en realidad estaba muerta de los nervios.

—Ya escuchaste a tu papá, apúrate que el desayuno está listo...

—Sí, sí. Ya voy.

Capítulo 47

LIVA

LIVA FUE A la cocina a prepararse una taza de té para hacer una bien merecida pausa después de tantas horas sentada frente a la computadora. Carson la siguió, por lo que ella se agachó para pasarle brevemente la mano por el lomo. Notó que no le quedaba mucho pelo y al parecer Carson necesitaba calor humano antes de acurrucarse debajo de la mesa.

Eran casi las doce, pero Liva no sintió hambre. Tenía la impresión de que solamente hacía casi dos horas, Jacob y Tara se habían ido. La ausencia de ruidos era necesaria y hasta agradable, pero solamente hasta las 3 PM. Luego era como si la casa se convertía en un agujero negro que la absorbía como una aspiradora y el anhelo de estar junto a Tara su esposo se hacía casi insoportable.

Puso a hervir agua para el té, y mientras enjuagaba el termo que había traído de la oficina, cayó en la cuenta de que era la segunda vez que se había perdido el concurso de afiches.

«No este año», —pensó.

Esta vez se iba a poner a trabajar en esos diseños con suficiente tiempo para no perder la fecha. Lo único que la consolaba es que tuvo que abandonar los concursos por proyectos que ayudaran con la economía familiar. No quería perderle el pulso al trabajo artístico, pero Jacob no entendía mucho de esas cosas cuando ella trató de explicarle.

No porque Jacob fuese materialista, sino por lo excesivamente práctico que era algunas veces, pero deben haber sido esos contrastes lo que los mantenía juntos.

El sonido de su teléfono al sonar la trajo a la realidad y se percató de que lo había dejado en la oficina cuando se vino a hacer el té. Corrió por el pasillo y logró contestar al cuarto repique.

—¿Aló?

—¿Hablo con Liva Ravn? —preguntó una voz desconocida.

—S- sí, ¿con quién hablo? —tartamudeó ligeramente.

—Le hablo desde la estación de Policía, aquí en *Furesoe, Farum*. Es en relación con Taraji...

—¿Pasó algo malo? —preguntó Liva y por una fracción de segundo, todo a su alrededor se ennegreció.

—Bueno, llamémoslo una falta menor. Por favor, venga a recogerla a la estación y aquí le damos todos los detalles.

—¿Falta menor? Al menos dígame qué fue lo que ella hizo... —le suplicó Liva al hombre que hablaba al otro lado de la línea, y para su sorpresa, él se limitó a respirar profundo, impaciente.

—Robo en una tienda del centro comercial *Farum Bytorv*. —dijo cortante.

—¿Qué? No puede ser, tiene que haber un error... ¿Podría hablar con ella?

—Lo mejor sería que venga en persona a recogerla. Por eso es que la estoy llamando.

—¿Podría hablar con ella? —insistió Liva.

—No es posible, tiene que venir en persona.

—¿Me podría dar la dirección? —preguntó Liva abandonando la idea de hablar con su hija.

—Sí, es en la calle *Raadhustorvet* 24, justo al frente del parque *Kumbelhaven*. —dijo el hombre.

—Ajá, sí sé donde es. Voy saliendo...

—Gracias —dijo el agente y sin más colgó.

Liva se quedó perpleja unos segundos y corrió hacia la cocina para apagar el agua que hervía en la hornilla.

Liva llamó al teléfono de Tara, pero le cayó la contestadora automática. Después del tercer intento decidió marcar 25 25 25 25. Una voz de mujer tomó la llamada casi de inmediato.

Ella le explicó que necesitaba un taxi y la mujer le aseguró que el carro iba en camino. Mientras esperaba, Liva tuvo la sensación de ir caminando con una caja de cartón en la cabeza. Como un autómata le llenó el envase de agua a Carson y agarró su chaqueta mientras se dirigía a la salida. Al pasar la llave, pudo ver que el taxi se desplazaba lentamente en el callejón.

—BUENAS TARDES, ¿EN qué puedo ayudarla? —preguntó el oficial en la recepción.

—Buenas, mi nombre es Liva Ravn y vine a recoger at Taraji Ravn.

—Siéntese, por favor —le indicó el agente mientras escribía algo en la computadora frente a él. Luego apuntó a una hilera de sillas color bambú, alineadas a ambos lados de la recepción.

Al sentarse, Liva reparó en una pareja de viejitos que estaba sentada esperando. Las sillas hacían juego con el resto del mobiliario en la recepción. Había un reloj redondo con números romanos en la pared del fondo. Ella no había terminado de inspeccionar la sala de espera, cuando un agente uniformado le hizo señas para que lo siguiera.

Entraron por un pasillo con puertas a ambos lados. El policía se detuvo en la tercera puerta a mano izquierda, la abrió y la sostuvo para dejarla entrar. Adentro estaban una mujer y Tara con ojos llorosos pero con expresión iracunda. Todo indicaba que no le alegraba ver a su madre. La joven entornó los ojos y bajó la cabeza.

El policía que la acompañó cerró la puerta y la mujer que estaba con Taraji tomó la palabra.

—Por esta vez, Taraji solamente debe pagar una multa, pero lo importante es buscar la causa de esta acción y cómo hacer para que no se repita. —dijo en tono severo.

—Mire, yo estoy tan sorprendida que no sé que decir. —Dijo Liva mojándose los labios con la lengua— Tara es una joven que no tiene problemas en el liceo, es muy familiar, corre y juega voleibol, ¿qué le puedo decir? —confesó tratando de tomar la mano de su hija, pero Taraji se apartó con un movimiento brusco.

—¿Tara? —le preguntó Liva visiblemente sorprendida.

—Se pueden ir a casa cuando quieran. La multa les va a llegar por correo en un par de días.

Tara se levantó despacio y sin alzar la cabeza se dirigió hacia la salida.

Salieron del edificio y Liva le hizo señas al primer taxi que pasó. Hicieron todo el trayecto en silencio. A pesar de que a Liva le hubiese gustado decirle a su hija miles de cosas, una mezcla de sorpresa y rabia congeló todas las palabras en su boca. Cuando el taxi se paró en el callejón, Tara se bajó, entró a la casa y se encerró en su cuarto con llave.

48

LIVA

«YA NADA ES igual», —reflexionó Liva, y lo peor era que no tenía la menor idea que explicara la transformación de Tara. Su hija había pasado los últimos dos días encerrada en su cuarto y solamente salía para ir al baño, agarraba un bocado de la nevera y se iba a su habitación.

Ahora era yo la que estaba metida en la nevera, ya que el único que podía entrar a la habitación de Tara era Jacob, pero ni a él le ha dicho por qué estaba brava con su madre. Liva no quería presionarla, pero tampoco quería perderla.

«¿Será que lo de los padres biológicos tiene algo que ver con esto? No puede ser...», Liva se rompía los sesos tratando de averiguar la causa de lo que estaba ocurriendo. Había pasado las últimas noches en vela y cuando lograba dormirse, se despertaba a las pocas horas bañada en sudor. Hasta en los sueños la perseguía la devastadora amenaza de perder a su hija para siempre y mientras, limpiaba los topes de la cocina con un paño húmedo, Liva sintió la necesidad inmediata de hablar con Taraji y poner las cosas sobre la mesa.

Se fue directo al cuarto de su hija y le dio un par de toques suaves a la puerta.

—Tara, creo que es hora de que hablemos, por favor abre la puerta.

—¿Quién es?

—¿Quién más va a ser? Yo, tu mamá. —contestó Liva pegando la oreja de la puerta. Le pareció que Taraji se movía impaciente por la habitación.

—¿Qué? —preguntó su hija al abrir la puerta de golpe.

Liva se dio cuenta de que Tara era otra persona. Ella nunca antes les había hablado en ese tono cargado de odio y desafío.

—Tenemos que hablar, esto no puede seguir así. —se las arregló a decir.

—¿Así cómo? —la retó Taraji, con los brazos sobre las caderas y la cabeza ladeada.

—Nos debes una explicación. Hoy o mañana o dentro de un año, pero tienes que darnos una explicación.

—No hay nada que explicar... —dijo mordiéndose la uña del dedo índice.

—¿O sea, que está bien robar?

—¿O sea, que está bien decir mentiras? —disparó Taraji inclinándose hacia adelante.

—¿Mentiras? —preguntó Liva confundida.

—Esto, esto y esto ¡Tus mentiras! —dijo Taraji acercándose al escritorio, tomó unas hojas y se las tiró a su mamá en la cara.

Taraji se quedó parada, ahora con los brazos cruzados, y una media sonrisa de triunfo.

Liva observó caer el fajo de papeles, que parecían copos de nieve en una noche decembrina. Luego se agachó a recoger la primera hoja que cayó al piso y la sangre desapareció de su cara al ver que se trataba de una copia impresa de la correspondencia con el personal de *Mercy May*.

—Dijiste dos veces que ustedes no tenían contacto con el orfanato y ahora resulta que hasta le pagas dinero todos los meses. —sentenció Taraji.

Ese último comentario le cayó a Liva como un bloque de cemento en la nuca. Una cosa era que su propia hija la pescara mintiendo acerca de lo que pasó en Sudáfrica y otra muy distinta era que Taraji pareciera cuestionar la razón de las contribuciones al orfanato.

La oleada de furia que se apoderó de ella no le venía del corazón, ya que el pecho le hubiese dolido. Era furia de la que sale del estómago y apretó instintivamente las nalgas como temiendo que se le fuese a escapar un flato.

—¡ME DIERON UNA HIJA! —gritó Liva.

Tara saltó hacia atrás abriendo los ojos, como si se le iban a disparar de las cuencas. El ligero temblor de los labios entreabiertos le indicó a su madre que la muchacha estaba al borde de un ataque de pánico.

En realidad, Liva estaba tan sorprendida de su propia reacción como Taraji. Se imaginaba que la tensión de los últimos días, sumada a los comentarios de la joven, la hicieron explotar de la manera que lo hizo, y para evitar seguir asustándola, decidió explicarle en voz baja.

—El orfanato *Mercy May* me dio una hija y les voy a estar en deuda toda la vida. Todo el dinero del mundo no puede retribuir la alegría que esas dos mujeres trajeron a esta casa. —Comentó Liva exhausta y se sentó a la orilla de la cama tapándose la cara con las manos.

Al gritar, la tensión que Liva sintió en el estómago desapareció. Empezó a tomar aire por la boca, ya que el aire que respiraba por la nariz no le daba a basto. Tara se quedó inmóvil, como clavada con tachuelas en el piso. Era la primera vez que su mamá reaccionaba de esa forma.

—Sí, te mentí, y perdí tu confianza y de noche siento que me ahogo, pero también sé que no hubiese podido manejar esta situación de otra manera.

—Mamá, el tim...

—No he terminado, —interrumpió Liva— ¿tú quieres la verdad? Okay, tienes derecho a saber la verdad...

—La puer... —insistió Taraji, pero Liva siguió hablando, ella tenía necesidad de contarlo todo.

—No, no, está bien, déjame terminar Tara. —Pidió la madre cabizbaja— Lo único que sabemos es que tu mamá era una adolescente, que salió a comprar querosene, la asaltaron y quedó embarazada...

Liva no pudo decir más porque los sollozos no la dejaban hablar. Cuando alzó la cabeza, la muchacha no estaba.

Liva corrió detrás de su hija y la alcanzó cuando estaba a punto de abrir la puerta hacia la calle. El dueño de Brandy, el perro que Tara cuidó un tiempo atrás, estaba allí parado, luciendo una sonrisa digna de un comercial de TV.

Esto era lo que su hija se estaba tratando de decirle en la habitación unos minutos atrás. Para evitar que el joven la viera con los ojos llorosos, se retiró al pasillo.

—Hola, Nicklas, ¡qué sorpresa! Pasa adelante —dijo Taraji y le quitó a Brandy de los brazos.

—¿Es un mal momento? —preguntó el joven, percibiendo el destello de tensión entre las dos mujeres.

—No pudo haber sido mejor, pasa ¿cómo sigue Brandy? —preguntó la muchacha observando a su mamá por encima del hombro.

—Bien, bien ya está recuperada del todo. Vine porque como dijiste que podía pasar a visitar, pero si no es oportuno, vengo otro día... —vaciló él y Liva pensó que su hija iba a despachar al muchacho, pero Tara haló al muchacho por la manga y lo hizo entrar.

—Voy a estar en mi oficina —comentó Liva, no sabiendo que hacer consigo misma.

Capítulo 49

«LA VISITA DE NICKLAS me cayó del cielo», —pensé tratando de enfocar toda mi atención en él y en Brandy.

—¿Quieres tomar algo?

—¿Algo como qué?

—No sé, ¿agua, té frío, una gaseosa?

—Gaseosa.

—Ven, acompáñame y me cuentas qué has hecho en los últimos días. —Le dije haciendo seña para que me siguiera.

Cuando llegamos a la cocina, Carson estaba echado en el piso bajo la mesa plegable, levantó la cabeza, meneó la cola y se recostó otra vez.

—No sé si le queda gas a la bebida. La compramos el día de San Juan para la parrilla. Vas a tener que probarla. —le dije mientras sacaba la botella de la nevera.

Nicklas puso la perrita en el suelo y agarró el vaso que le di. Tomó un sorbo corto.

—Está bien —dijo tomando otro sorbo más largo, una pequeña pausa dos sorbos más y ya no había nada en el vaso.

—¿Quieres más?

No respondió, sino que extendió el vaso para que le sirviera otra vez.

Llené el vaso y sentí sus ojos examinándome.

—¿Estás bien? —me preguntó en voz baja.

—Sí, vale todo bien, ¿y tú, estás trotando? —le pregunté apuntando hacia los pantalones de correr que llevaba puestos, intentando cambiar el tema de conversación a un terreno más neutral.

—Sí, he estado corriendo los últimos tres años.

Sonreí. —¿Dónde?

—¿Dónde qué?

—Me refiero que a dónde corres...

—A veces tomo la ruta de ida y vuelta desde mi casa hasta el parque *Kumbelhaven.* Son casi cinco kilómetros, tú debes conocer el parque... es cerca de *Farum Bytorv...*

«¿Cómo no saberlo?, allí me arrastró la policía hace dos días», —pensé y tuve la sospecha que él se había lo que pasó en la tienda y por eso vino... Estudié sus facciones para ver si algo en su expresión lo delataba.

—¿Qué pasa? ¿Dije algo malo? —preguntó el al sentir mi escrutinio.

—No, no

—¿Es el único sitio donde corres?

—No, también corro en Copenhague en el área de los lagos, *Faelledparken*, *Utterslevmosen.* Tú sabes para cambiar de ruta y no perder el entusiasmo, ¿y tú, has corrido alguna vez?

—Sí, pero nunca he corrido fuera de *Farum.*

—Si quieres, podemos salir a correr a *Utterslevmosen.* No es tan lejos de aquí, si te animas, le pido el carro prestado a mi mamá para que no nos tome tanto tiempo en llegar allá.

—¿Cuándo, hoy?

—Sí, ¿por qué no?

—No sé... —dije rascándome la cabeza.

—¡Anda, anímate! —me alentó él.

No era mala idea. De esa manera podría evitar a mamá hasta que mi papá llegara del trabajo.

—Te advierto que no corro muy rápido...

—Yo te espero, ¿qué dices, te animas?

—Okay, déjame decirle a mi mamá.

—Asomé la cabeza en la oficina y encontré a mi mamá sentada frente a la pantalla del computador metida en un diseño de algo que parecía un afiche, pero imposible saber desde donde estaba parada.

—Mamá —le anuncié sin dar tiempo a que me dijera nada— Nicklas me invitó a correr a *Utterslevmosen.*

—¿*Utterslevmosen*? —repitió pero más como una pregunta, mientras miraba el reloj. —¿Y como van a ir hasta allá?

—Nicklas le va a pedir el carro a su mamá, de todas maneras tenemos que pasar por su casa a dejar a Brandy...

—¿Cuántos años tiene Nicklas? Yo pensaba que él era de tu edad...

—Lo suficientemente mayor para tener licencia de conducir. —le dije cruzándome de brazos y noté que el tono de mi respuesta fue más agresivo de lo que hubiera querido.

—Déjame hablar con él —dijo ella haciendo amago de levantarse.

—Por favor, no me hagas pasar vergüenza, si veo que Nicklas maneja a lo loco, me bajo del carro y tomo el autobús.

—No, si te bajas del carro, me llamas por teléfono y nosotros te pasamos buscando. Prométemelo.

—Está bien... —y corrí a cambiarme.

—No se te olvide llevar agua y una chaqueta. —la escuché decir.

Fue difícil encontrar lo que iba a ponerme ya que solamente tengo unos pantalones de lycra, una franela gris, las medias tobilleras de poliéster y el par de Asics desgastados. Estaba a punto de desistir con lo de la chaqueta, cuando recordé que estaba guindada detrás de la puerta junto con la gorra. Tomé el bolso y salí de la habitación.

—Nos vemos —le dije a mi mamá desde el pasillo.

Nicklas estaba esperándome en el lavandero, jugando con los perros. Ya a punto de salir, llené dos botellas plásticas de agua y tomé dos bananas de la cesta de frutas.

—Vamos.

50

—MI MAMÁ SE puso nerviosa, cuando le dije que tú manejas. —comenté mientras íbamos camino a *Utterslevmosen*.

—¿Sí? No hay nada de que preocuparse, me llaman "Señor Cuidadoso". —bromeó él sin quitarle la vista al tráfico.

Eran casi las 3 PM cuando tomamos la salida hacia *Hareskovej* y noté que el tráfico se estaba poniendo lento, me imaginé que se debía a la cantidad de gente que trabaja fuera de Copenhague que a esa hora estaba regresando a casa.

—¿Crees que soy mal conductor?

—¿Cómo saberlo? —admití encogiéndome de hombros— Si frenas de golpe o si te metes de frente contra un árbol, claro que me voy a dar cuenta. —le dije mordiéndome la uña del dedo índice.

—Mira, la licencia me costó cara, y no estoy dispuesto a gastar otra fortuna, si la pierdo. Así que mejor manejo con cuidado.

—¿Cuántos años tienes?

—¿Cuántos crees que tengo?

—Diecinueve, máximo.

—Veintiuno, —me miró brevemente y volvió a cuidar del tráfico— ¿y tú?

—Dieciséis... bueno, casi diecisiete.

—Ya estamos en *Utterslevmosen* —me dijo apuntando hacia la izquierda con el pulgar, mientras detenía el carro en el cruce de semáforo.

Al llegar nuestro turno, Nicklas dobló hacia *Mosesvinget* y me sorprendió que no era un parque, sino la vía principal de una zona residencial.

—Pero esto son puras casas —comenté decepcionada.

—Sí, pero también hay un lago, gansos, ovejas y la gente corre. No te asustes.

—No, no, lo que pasa es que es primera vez que vengo y pensé que se trataba de un parque. No estoy pensando nada malo.

El carro marchaba a unos quince kilómetros por hora. Las casas eran impresionantes, y pude ver gente corriendo por un camino de grava a la izquierda. El camino se fue haciendo angosto y desembocamos en *Engsvinget.* De repente, Nicklas metió el retroceso lentamente y se estacionó al lado de la acera derecha. Cuando nos bajamos del carro, el viento trajo el olor a grama recién cortada. Nicklas me puso la mano en el hombro y me indicó que me montara en la acera, antes de que algún ciclista me atropellara. Nos dirigimos hacia el cruce entre *Mosesvinget* y *Engsvinget* y cuando ganamos la otra calle, Nicklas se detuvo.

—Normalmente, doy la vuelta larga que son unos cinco kilómetros, pero si quieres, damos la vuelta corta y así te acostumbras al terreno, ¿qué prefieres?

—La vuelta corta. —Dije sin pensarlo dos veces.

—Okay, voy a controlar cuanto nos lleva en dar una vuelta a tu ritmo.

Nicklas empezó a tocar los bordes de su reloj.

—Wow, el *Forerunner* 405 de Garmin. Déjame verlo —le supliqué.

Nicklas se enrolló la manga de la franela y me extendió el brazo. No pude evitar dejar de ver los vellitos dorados que brillaban alrededor de la correa.

—Yo quiero el *Forerunner* 210, todo el mundo dice que, ese que tú tienes, es tan sofisticado que casi se necesita hacer un curso para poder usarlo, ¿es cierto? —le pregunté y cuando alcé la mirada noté que sus ojos estaban clavados en mí.

—Sí, bueno es un poco complicado, pero ya me acostumbré... Vamos a correr que se hace tarde y no quiero que tu mamá se ponga brava conmigo.

—A mí no me importa si ella se pone brava, ¿hacia dónde corremos?

—¿Estás viendo el poste ese que dice cuarenta kilómetros por hora?

—Ajá

—Cuando lleguemos ahí, calentamos unos cinco minutos y luego corremos, ¿estás lista?

—Seguro.

Trotamos despacio por el camino de grava y a unos cincuenta metros a la derecha, había un claro con bancos y mesas para merendar. A la izquierda, había un campo de fútbol invadido de gansos y tuvimos que detener la marcha para darle paso a una familia de patos que cruzaba la calle en ese instante. Cuando cruzaron, continuamos en silencio por el sendero hasta llegar a una recta de sauces.

—¿Qué te parece? —me preguntó Nicklas, ya la cara se le estaba poniendo roja.

—Precioso, me encanta este sitio.

—¿Estás lista?

—Sí.

Empezamos a correr, pero no a gran velocidad. Nicklas iba a unos tres pasos delante de mí y de cuando en cuando, se volteaba para asegurarse de que no me estaba quedando atrás. Al final de la recta de sauces había una casa con techo de paja.

—Esa calle es *Groennemose Allé* —me dijo Nicklas apuntado hacia la casa— nosotros seguimos hacia la izquierda.

Me decepcionó un poco que no había más grava, ni lago. Solo unos setecientos metros de vía en ambos sentidos. Nicklas apretó la marcha y corrimos por un claro donde el lago aparecía en todo su esplendor. Debido a la luz de la tarde, el agua parecía una hoja arrugada de papel de aluminio y miles de aves revoloteaban en todas direcciones. Desde la salida no se podía apreciar esta vista porque estaba cubierta por los árboles. Bajé un poco la marcha para apreciar el paisaje y Nicklas se tocó el reloj para recordarme que se nos estaba haciendo tarde. Corrí para alcanzarlo, y cuando estaba a unos pocos metros, aceleró.

—No falta mucho —le oí decir.

—¿Seguro?

—Sí.

Él estaba rojo, sudado y al juzgar por la sonrisa, también estaba feliz.

Al final de la recta corrimos hacia la izquierda otra vez para cerrar el círculo que habíamos comenzado entre *Mosesvinget* y *Engsvinget.* Entramos por un caminito de tierra que mostraba otro ángulo del lago y desde allí pudimos ver la carretera. Si mis cálculos eran correctos, al llegar al final del camino de tierra, deberíamos ver el carro de Nicklas estacionado al fondo. Nicklas corrió el resto del trayecto a toda capacidad, traté de no dejarme intimidar y corrí lo más rápido que pude. Al llegar al carro, la piel me palpitaba y tenía un sabor a plomo en la boca.

—Felicitaciones Tara, corrimos tres kilómetros en 17:02 minutos. —anunció.

—¡Qué bien! —le dije entre jadeos, ignorando si el tiempo en que habíamos corrido era bueno o malo, ya que nunca antes lo había registrado. Yo simplemente salía a correr y cuando me cansaba, tomaba una pausa caminando.

—Esta es la primera vez que corro todo el trayecto sin parar, ¿de qué te ríes?

—Que estás hablando como si se tratara de un maratón. Tres kilómetros no son nada.

—A lo mejor para ti —y le di un codazo— Traje agua y unos cambures, ¿quieres?

—¡Claro!

—Hurgué en el bolso y me di cuenta de que uno de los cambures estaba mallugado, le entregué el otro a Nicklas y mordí la mitad del cambur arruinado.

—Hubiésemos compartido este... —comentó Nicklas.

Descarté la idea con la mano.

—La próxima vez nos vamos a escalar paredes a *Humlebaek.*

—Trato hecho, —dijo Nicklas sonriendo, luego se puso serio— ¿Estás brava con tu mamá?

La pregunta me desarmó y tuve la sensación de estar viajando a toda velocidad por los túneles del metro. La ola de sentimientos que había estado reprimiendo desde que oí a mi mamá decir lo que pasó en Soweto, se desbordó en un acceso de llanto.

Lloré como un niño consentido hasta que el hipo me hizo doblarme hacia adelante. Nicklas se acercó y trató de abrazarme, pero la puntada en la costilla me mantuvo doblada. Nicklas solícito abrió la puerta del carro y me dejé caer en el asiento de pasajero.

A través del parabrisas lo vi correr como quien escampa de un aguacero, abrió la puerta del conductor y se sentó a mi lado. Esta vez no se atrevió a decir nada. Yo lloraba, sin mirar a los lados. Nicklas puso su mano sobre mi mano. No sé cuanto tiempo estuvimos así.

De repente, él metió la llave en el arranque cuidando de no hacer mucho ruido, como para no romper el silencio.

Cuando regresamos a casa, Nicklas entró despacio en el callejón, dio la vuelta, de manera que el carro quedara viendo en dirección a la salida. Abrí la puerta y lo miré un rato.

—Tara, cuando estés lista hablamos.

—Gracias Nick, ¿puedo llamarte Nick?

—Seguro —sonrió y sus dientes blanquísimos destellaron en la tarde que estaba a punto de morir.

«Me estoy acostumbrando a esa expresión», —reflexioné.

Hice lo mismo y caminé despacio hacia la casa.

CUANDO ABRÍ LA puerta, me envolvió el olor a vainilla proveniente de la cocina y no me quedó la menor duda de que mi papá había hecho panqueques. Cerré los ojos, y respiré profundo. Mi mamá todavía le contaba a todo el que quisiera oírla, que cuando me trajeron de Sudáfrica, yo tenía problemas para comer, y continuaba el relato describiendo lo difícil que era para ellos encontrar algo que me gustara. Un buen día, mi papá hizo panqueques rellenos con helado de vainilla, mermelada de fresa y le espolvoreó azúcar nevada.

Desde entonces, se dieron cuenta de que no había ningún problema con mi mandíbula. Si pasaban muchos días en los que no comía otra cosa que no fueran frutas y pan, mi papá horneaba panqueques y nos dábamos un festín.

Nadie los hacía tan delgados, y nadie los doblaba primorosamente en la bandeja antes de meterlos en el horno como él.

Caí en la cuenta de que hacía años que no comíamos la especialidad de mi papá y sospecho que lo de mantener la línea tuvo mucho que ver, porque que a pesar de que yo era tan delgada como un alfiler, me aterrorizaba pensar que algún día no pudiera controlarme y dejara de parecerme a mi ídolo: la modelo Naomi.

Fui directo a la cocina.

—Ya estábamos alarmados, ¿por qué no llamaste? —me amonestó mi mamá al verme entrar.

—Se me olvidó —dije, mientras saludaba a mi papá con un beso en la mejilla.

—¿No se te ocurrió pensar que estábamos preocupados? —insistió mi mamá.

—Ya te dije que se me olvidó.

—Okay, ¿quién quiere comer? —intervino mi papá lanzándole una mirada de advertencia a mamá. Me imagino que para hacerla callarse.

—Yo pongo la mesa —ofrecí, y fui en busca de los platos.

Debe haber sido porque mintió que estoy tan brava con mi mamá, aunque debo reconocer que me conmovió cuando dijo que seguía contribuyendo con el orfanato, porque ellos le dieron una hija. No me atrevo a verla a los ojos y decirle gracias, ya que lo único que ha hecho todo este tiempo es poner trabas para que yo no tenga ningún contacto con Sudáfrica. Si mi mamá no tiene nada que esconder, entonces ¿qué tiene de malo en que yo contacte a mi familia biológica?

—¿Tara? ¿Taaaara? —insistió mi papá.

—¿Ajá? —dije sacudiendo la cabeza.

—¿Es Nicklas el que te tiene así? —preguntó él con una sonrisa burlona.— Faltan los cubiertos.

—Nick... no me tiene así

—*Ahh*, ahora se llama Nick..., pero te gusta el muchacho —bromeó mi papá dándome un codazo.— ¿cuándo lo voy a conocer?

—Un día que estés aquí cuando él venga.

EN LA CASA, mi mamá era la razón, el sentido y la regla. Ella cuidaba de que se pagaran las cuentas, de asistir a las reuniones del liceo, de que yo tuviera la ropa adecuada para la estación, y de que yo hiciera las tareas.

Recuerdo que mi mamá me llevaba los sábados a la biblioteca a cazar los libros de Astrid Lindgren, A.A. Milne y Roald Dalh que se convirtieron en mis favoritos. También me llevaba a la Casa de los Niños en el Museo Louisiana a embadurnarme las manos de pintura y a dar paseos alrededor del lago.

Mi mamá estudiaba a mis amistades y de un plumazo caía el veredicto. «Simone no es buena influencia para ti hijita», dijo lapidaria al verla la primera vez, y tuvo razón, pero yo no pensaba admitirlo.

—Aquí tienes unos frijoles, para que bailes sin parar toda la noche. —dijo Simone al meterme una bolsita plástica en el bolsillo del pantalón.

Eran dos pastillas de colores pasteles con la palabra "SKY" grabado, pero eso fue mucho antes de lo del robo en el centro comercial en *Farum.*

Recuerdo que ella entró con paso resuelto a *Cassandra Noir* a ver lo último en ropa interior y me quedé paralizada al ver como metía *hipsters* y sostenes en el bolso de lona con un parche amarillo que decía Louis Vuitton. Me confesó que la cartera era una réplica que había comprado en Tailandia el verano pasado.

Su falta de miedo, me paró los pelos de punta. Ni siquiera le importó que yo la viera. Cuando una de las vendedoras se dio cuenta, llamaron a los vigilantes. A mí jamás se me hubiera ocurrido dejar a Simone sola en ese trance y cuando la encargada de la tienda decidió llamar a la policía, la reportaron a ella como ladrona y a mí como su cómplice. Así es como terminé detenida en la policía el día que mi mamá fue a recogerme.

Cuanto más lo pienso, la mujer de la tienda se lo tenía bien merecido, ya que siempre me miraba con desprecio, como si cada ser de piel oscura en este mundo es ladrón. Lo peor es que quien se estaba robando las cosas era la blanca y sofisticada Simone.

MI PAPÁ, EN contraste, era el mediador, el negociante. Cuando mi mamá y yo nos peleábamos, mi papá hacía una buena comida y después de hartarnos abordaba el tema. Mi papá era el que mantenía las tradiciones, era él el que nos animaba a comprar el arbolito de Navidad a finales de noviembre, ya que «diciembre pasa muy rápido», solía decir.

Era él el quién estaba pendiente de los cumpleaños, del ganso horneado de Morten en noviembre, los bollos de crema en carnaval, la fogata del día de San Juan, de que nunca faltaran las almendras en el *ris-à-l'mande* en Nochebuena y era él quien compraba la parafernalia de fuegos artificiales de año nuevo.

Mi primera bicicleta llegó en una caja gigante con mi papá disfrazado de San Nicolás metido adentro. Me di cuenta, porque la barba se le enredó en el manubrio, dejando al descubierto su cara redonda, translucida de sudor y la sonrisa satisfecha de la misión cumplida.

Estos panqueques eran su manera de decir: tenemos que hablar.

APARTE DEL RUIDO que hacía la llama de las velas puestas sobre la mesa, comimos los panqueques en silencio, y cuando terminamos, mi papá colocó los platos a un lado.

—Tara, tenemos que aclarar algunas cosas. —Anunció.

Mi mamá estuvo a punto de decir algo y Jacob, que estaba sentado a su lado, le puso la mano en la pierna, como para pedirle que lo dejara terminar. Mi mamá suspiró y se echó hacia atrás en la silla.

Me trencé las manos para esconder el ligero temblor y el corazón empezó a latirme más rápido, quizá anticipando la confrontación.

—Queremos pedirte disculpas, —dijo él en voz baja.

—¿Ah? —Dije, ya que no estaba segura de haber escuchado bien.

Mi mamá me había sacado de la policía acusada de complicidad de robo, me pusieron una multa que no he pagado. No le he hablado a mi mamá desde entonces y he aquí mi papá pidiéndome perdón. Una mezcla culpa y vergüenza cayó con el peso de un saco de cemento sobre mis hombros.

—Sí, perdón Tara porque te hemos ocultado cosas que tú tienes derecho a saber. Te hemos dicho verdades a medias, cuando ya tú eres lo suficientemente grande para entender. Perdón ya que hemos seguido tratándote como la niñita de cinco años que trajimos de Soweto.

—Si tú quieres conocer a tu familia, nosotros estamos dispuestos a llevarte. —dijo mi papá bajando la cabeza y de le quebró la voz— Teníamos dos contactos en el orfanato *Mercy May*: Mam'Dede y Mam'Candis. Desgraciadamente, hace un par de años atrás Mam'Dede murió de diabetes dejando a Mam'Candis a cargo.

Ahora era mi papá quien se trenzaba los dedos y al ver que no hice comentario alguno, continuó:

—Con respecto a los pagos que viste en los correos de tu mamá, no tenemos nada de que avergonzarnos. Gracias a ese orfanato, estás aquí con nosotros y seguiremos contribuyendo indefinidamente para que otros niños también tengan la misma oportunidad que tú has tenido. —dijo Jacob apuntando con el índice hacia abajo, para acentuar cada palabra, luego suspiró profundo y me miró directo a los ojos.

—Necesitamos saber qué piensas hacer. —intervino mi mamá.

—No sé.—dije negando con la cabeza incapaz de mirarlos a los ojos.

—¡TARA! —llamó alguien detrás de mí cuando iba camino a la salida del liceo. Me detuve y cerré los ojos, «por favor, no otra vez», —pensé. Estaba casi segura de que se trataba del profesor Boch.

Mi mamá lo llamó y le contó todo lo que pasó en el centro comercial con la intención de cortar de raíz mi amistad con Simone y ahora el hombre se había convertido en mi sombra. En los recesos no me perdía de vista un segundo...

Me volví para ver qué quería esta vez, y el corazón me dio un vuelco.

—¿Nicklas? —lo recibí sonriendo. — ¡Qué gusto verte! ¿Cuánto hace de la última vez... mes y medio?

—Sí, más o menos... —dijo él bajando la cabeza y empezó a enumerar razones — Uno: el reporte de Sistemas de Información que tenía que entregar. Dos: las guardias en el *7-Eleven* y tres: no tengo tu teléfono, así que decidí probar suerte aquí en el liceo. Vine ayer, pero no te encontré...

—Imposible que me hubieses encontrado ayer, —interrumpí— nos llevaron a una visita guiada al Diamante Negro, ¿lo conoces?

—Sí, he visto el edificio por fuera, pero nunca he entrado, ¿te gustó?

—Sí, muy interesante, aparte de la arquitectura lo que más me gustó fue la exposición *Mirror, Mirror* y lo mejor del día fue un paseo en *Segway*. Nos divertimos muchísimo. ¿Cómo está Brandy?

—Está bien, no la veo casi, pero mi mamá dice que muerde todo lo que tiene a su alcance.

—¿Y eso que no la ves todos los días?

—Me mudé para Copenhague, ya no estoy viviendo con mi mamá. Es para estar más cerca del instituto.

La sonrisa se me convirtió en una mueca que me dio la sensación de llevar una máscara puesta.

—Ah, me imagino que ahora no nos veremos tan seguido... —dije bajando la cabeza.

—Bueno, estoy aquí, ¿no? Me gustaría saber si quieres venir conmigo al concierto de *Coldplay* mañana en el estadio *Parken.*

—Mañana es martes, ¿en serio? —pregunté incrédula.

—Sí, a mí también me parece mentira. Tengo dos entradas. Hubo un concurso en la biblioteca del Instituto y yo quedé entre los tres ganadores, ¿qué dices, te animas?

—Sí, me encantaría, pero debo pedir permiso.

—No hay problema —dijo él

—¿Quieres que te lleve a tu casa?

—Pero antes que nada, dame tu número de teléfono —dije tanteando en mi bolso para sacar mi celular.

Nicklas soltó una carcajada y se sacó el teléfono del bolsillo.

ME TOMÓ UN poco más de dos horas alisarme el cabello, y valió la pena, ya que me gustó la imagen de mí misma reflejada en el espejo. Me apliqué una ligera capa color cobre sobre los labios para enfatizar mi bronceado natural. La franela manga larga gris con bordes blancos, los *jeans* ligeramente acampanados y los tacones de terciopelo negro eran el atuendo de la noche.

—Estás hermosa hija, —comentó Liva desde la puerta con una mirada aprobatoria, hasta que sus ojos se posaron en mis zapatos— ¿son prácticos para un concierto? —preguntó sonriendo, ya que conocía la respuesta.

—Llevo un par de repuesto —le dije metiendo la mano en el bolso para mostrarle el par de bailarinas, cuando un montón de papeles viejos salieron de la cartera y cayeron al piso.

—Nicklas está aquí —anunció mi papá desde el corredor.

—Voy a saludarlo —dijo mi mamá dejándome sola en la habitación con la reguera de papeles.

—¿Podrías decirle que ya estoy casi lista?

—Seguro —dijo mi mamá camino a la cocina.

Saqué la chaqueta de piel negra y me agaché a recoger el desorden de papeles viejos. Sacudí la cabeza al ver la cantidad de cosas viejas que se habían ido acumulando en mi bolso: un paquete de *mentos* quedaba más o menos la mitad, entradas de la película *Picture This*, recibos de la cantina del liceo y un paquete nuevo de servilletas para las manos. Fui poniendo en la mesita de noche todo lo que botaría a la basura, cuando una bolsita plástica con dos pastillas de colores saltó entre los papeles.

Los frijoles de Simone y su sonrisa pícara al meterlos en mi bolsillo me vinieron a la memoria.

—¿Por qué no? —susurré en voz baja.

—¿Por qué no qué? —preguntó mi mamá que estaba parada en el marco de la puerta.

Di un salto, nunca me iba a acostumbrar a mi mamá caminando por la casa como un ninja. Jamás la escuchaba venir.

—¡Mamá me asustaste! Me preguntaba si debía llevar estos *mentos* conmigo, —le dije mostrándole la barra de caramelos que acababa de meter en el compartimento del bolso.

—Una cosa, Taraji...

«Oh, oh», —pensé. Esto es serio, porque cuando mi mamá dice «una cosa... ».

—Cuidado con lo que tomas, ¿okay? No bebas de ninguna botella que tú no hayas abierto, así no corres el riesgo de que alguien le ponga algo a la bebida.

—Seguro mamá.

—Y si se hace muy tarde, es preferible que te quedes con Nicklas a que te vengas sola. Nosotros te podemos pasar recogiendo, si quieres...

—No se les vaya a ocurrir ir a buscarme, ¿me lo prometes?

—Okay, entonces envías un mensaje si te vas a quedar con Nicklas.

—¡Hecho! —asentí.

Tomé la chaqueta que yacía sobre la cama y ya de salida, mi mamá me abrazó.

—Diviértete hijita. —susurró.

—Sí mamá... —la abracé como pude debido a todo lo que llevaba en las manos y me apuré por el pasillo a encontrarme con Nicklas que estaba en el salón charlando con mi papá.

—Nicklas me estaba contando acerca de las materias que está estudiando en el CBS. —Aclaró mi papá al verme.

—Eso suena complicado... —agregué sonriendo. — Hola —fue lo único que le dije a Nicklas.

Llevaba unos *blue jeans*, una franela blanquísima por fuera y una chaqueta de piel negra. El cabello engominado ligeramente y una sutil fragancia a cítricos que me recordó *CK One*, pero no estaba segura.

—Ejem, —dijo mi papá— apúrense si quieren llegar al concierto.

Todos nos reímos.

—El concierto es a las 9:30 PM —comentó mi mamá.

—Sí, pero hay que llegar temprano para encontrar puesto, el estadio debe estar abarrotado de gente. —le explicó mi papá, mientras le daba un abrazo de oso— Nos estamos poniendo viejos —agregó sonriendo.

Nicklas me miró sin decir palabra. Por el brillo de sus ojos me atrevería a asegurar de que había un destello de admiración. Sentí cosquillas en el estómago.

Capítulo

LLEGAMOS AL CONCIERTO a las 8:30 PM. Dimos incontables vueltas con la esperanza de conseguir puesto de estacionamiento y a pesar de haber salido temprano, ya no había sitio donde dejar el carro, por lo que no nos quedó otra que explorar las calles adyacentes al estadio. Nos aventuramos por la calle *Jagtvej*, y el panorama era casi el mismo. El milagro sucedió en la calle *Sankt Kjelds Gade*. Nicklas estacionó el pequeño FIAT paralelo al muro de la iglesia y nos reímos de la distancia que tendríamos que desandar. Descarté los tacones altos y saqué las bailarinas que llevaba en el bolso.

—Bien pensado. —comentó Nicklas abriendo la puerta.

—¿Está bien si dejo los zapatos en el carro?

—Por supuesto, vamos. —dijo estirando la mano para ayudarme a salir.

Nicklas me tomó de la mano y casi me arrastró a través de la calle *Noerre Allé*. Creí que íbamos a atravesar *Faelledparken*, pero a Nicklas no le pareció buena idea debido a que ya estaba empezando a ponerse oscuro. La ruta que él escogió terminó siendo la más corta.

A pesar de que la entrada estaba atestada de gente, las colas se estaban moviendo rápido y había orden. Nicklas, por su parte, escaneaba con los ojos en todas direcciones, me imagino que para absorber el ambiente de fiesta y anticipación que colgaba en el aire, aun cuando ni siquiera habíamos entrado al área del concierto. Escuché una serie de *bips* provenientes de mi teléfono celular.

«Que disfruten el concierto hijita, besos Mamá, Papá y Carson». Decía el mensaje de texto.

Se lo mostré a Nicklas.

—Yo también espero que te guste. —musitó bajando la cabeza, como si tuviese miedo de que espectáculo fuera poca cosas para alguien como yo.

—Claro que sí, te agradezco mucho que me hayas invitado —comenté y le di un beso en la mejilla.

Él pareció sorprendido de mi reacción. y me tomó la mano mientras miraba alrededor. Había una energía tremenda, como si estábamos a punto de entrar a ver un partido final de la UEFA.

Cuando Nick enseñó las entradas, nos mostraron unos brazaletes que debíamos usar durante el espectáculo. Los había en rosado, azul, amarillo, blanco y verde. Nicklas escogió el verde y yo tomé uno rosado.

Una vez adentro de *Parken,* el sitio parecía que estaba a punto de reventar y caí en la cuenta de que con el apuro, no había orinado antes de salir. Se lo comenté a Nicklas y él accedió acompañarme hasta los retretes.

Hubo que hacer fila otra vez, pero esta vez no nos llevó tanto tiempo.

Llegó mi turno, usé el baño, me lavé las manos y no había papel para secarse. Hurgué en mi cartera y cuando saqué las servilletas, me acorde de los "frijoles" que Simone me había dado el otro día. Saqué las dos pastillas de la bolsita transparente y me las metí a la boca, tomé un sorbo de agua del lavamanos.

«Simone, esta vez soy yo la que tiene algo que contar», —pensé y sonreí.

Me sequé las manos de los pantalones y salí en busca de Nicklas.

El concierto estaba a punto de comenzar. De puro milagro nos fuimos abriendo paso. El personal de seguridad había puesto una cerca, a unos pocos metros de la tarima, lo que formaba un pasillo por donde Chris Martin y el resto de la banda podrían desplazarse. Al fondo de la tarima había dos pantallas gigantes y a cada lado unas torres de donde colgaban los colosos que llevarían el sonido a cada rincón del estadio.

Cuando llegamos a la cerca "*Mylo Xyloto*" empezó a sonar para introducir "*Hurts Like Heaven*" y una lluvia de papelillos en forma de corazones y mariposas y árboles cayó desde arriba. El concierto había empezado. El cielo se puso rosado y el fragor de los aplausos no se hizo esperar. Desde donde estábamos, podíamos ver el piano todo rociado con *spray* de colores. Los dibujos parecían a los motivos que hay pintados en los túneles que conducen a la estación central.

Abracé a Nicklas y le planté un beso en la mejilla. Él me aceptó el abrazo con un ligero gesto de asombro. Nos dejamos cautivar por la música, y a mí, me daban ganas de bailar y saltar. "*In My Place*" me pareció demasiado lenta y a pesar de que estábamos a cielo abierto, el calor empezó a sofocarme. Me quité la chaqueta y la metí como pude en el bolso que me había cruzado a través del pecho.

—¿De verdad tienes tanto calor? —preguntó Nicklas incrédulo.

Le sonreí y seguí bailando, esta vez al compás de "*Princes of China*". El concierto siguió su curso y yo me sentía la dueña suprema del universo. Tenía la boca seca y el calor se me hacía cada vez más insoportable. La música dejó de sonarme en los oídos y las luces que parpadeaban de los brazaletes que llevábamos puestos se asemejaban a los pitones del rocódromo en *Humlebaek*.

Me imaginé que las torres que sostenían los altavoces hacían un estupendo muro de escalada, a la par de que una voz interna me ordenaba fugarme del horno que me estaba asando a fuego lento. La única manera de salir del infierno era escalando la torre.

Me dio la impresión de que Nicklas dijo algo de ir a buscar cerveza, y en medio del ruido asentí.

Nicklas desapareció en el tumulto y yo me rodé hacia la izquierda, hasta la base de la torre. Vi que los hombres encargados de la seguridad llevaban unas franelas azules con letras blancas. Estaban allí parados, con la mirada en blanco, absorbidos por la multitud de chicas histéricas que gritaban, como yo a unos pocos metros de distancia.

Avancé como pude y gané la base de la torre. Una de mis bailarinas desapareció en unas bolsas negras de lo que semejaban cables enrollados, me quité el otro zapato y empecé a escalar.

Fue fácil y liberador. Tenía que subir y escapar del calor. Unos empezaron a apuntar hacia mí, pero fue cosa de segundos, ya que en el centro de la tarima podía verse a Chris Martin en un rapto de inspiración introduciendo con un oh-ohoh, oh-ohoh, *"Viva la Vida"*. Ahora cincuenta mil voces se convirtieron en un solo oh-ohoh, oh-ohoh.

Seguí escalando hacia el tope de la torre y la brisa de la noche me dio escalofríos, ya que la franela empapada se me pegaba de los brazos. Desde ese punto vi varios hombres con franelas azules apiñarse en la base de la torre. Miles de lucecitas verdes, rosadas y blancas parecían cocuyos que se movían como olas, lentamente, de izquierda a derecha.

—El público te llama, Taraji —me decía una voz.

—Sí Tara, el público te llama. La música cesó de repente, como si alguien hubiese halado los enchufes de los micrófonos y una voz, que solamente yo escuchaba, continuaba dándome órdenes.

—Salta, el público te llama. ¡No tengas miedo, salta! ¡Saaaaalta! —decía la voz como un cántico y otras veces como un susurro.

Respiré profundo, cerré los ojos y salté.

54

NICKLAS

—¿NO VAS A tomar la llamada? —Le preguntó su mamá al joven, cuando lo vio echarle una mirada al teléfono y guardarlo en el bolsillo.

Él negó con la cabeza.

—Se te ve triste... —agregó ella mientras le pasaba la mano por la cabeza.

—Qué es mamá, ya no soy un pelado... —dijo él tratando de esquivar las manos de su madre.

—Hijo, me preocupa verte triste, ¿es por Taraji?

Nicklas trató de desviar la conversación hacia cómo iban las cosas en la panadería y Brandy, pero su mamá regresaba a lo mismo.

Él no estaba tan seguro de querer contarle a su madre que después de dejar a Taraji en el hospital con sus padres, él nunca regresó, ni se mantuvo en contacto, pero Taraji no estaba dispuesta a dejar las cosas así y ahora lo bombardeaba con mensajes de texto.

—Nicklas, ¿qué pasó con Taraji? —insistió su madre.

—Nada, mamá Taraji es muy consentida, eso es todo...

—¿Cómo que muy consentida? —presionó.

Nicklas se dio por vencido, ya que sabía que su mamá no se iba a detener hasta que él le contara toda la historia.

—La llevé a ver *Coldplay*, y a mitad del concierto se lanzó desde una torre donde estaban los altavoces. Lo peor fue tener que llamar a Liva y a Jacob para darles la mala noticia.

Con solamente recordar el episodio, el estómago empezó a dolerle. Nicklas sospechaba que se debía a la mezcla de sentimientos que había estado reprimiendo desde el día del accidente.

—Me quedé en el hospital hasta que ellos llegaron —continuó él incapaz de sostenerle la mirada a su madre— y luego los médicos confirmaron que Taraji estaba bajo los efectos de drogas. Liva y Jacob pensaron que yo tenía algo que ver con eso... —relató Nicklas sacudiendo la cabeza.

—¿Le diste algo a Taraji?

—¡Por supuesto que no! —respondió Nicklas ofendido.

—¿Liva y Jacob están bravos contigo?

—Yo no tengo nada que ver con eso —anunció él ignorando la pregunta de su madre.— Yo les dije que yo no consumo drogas, y tú más que nadie, deberías saberlo. —la amonestó él, sin levantar la cabeza.

Se quedaron en silencio y Nicklas aprovechó la oportunidad para preguntarle.

—Mamá, ¿por qué nunca te casaste?

Ella sonrió —creí que estábamos hablando de ti...

Él pudo ver que le sorprendió la pregunta, porque ella es el tipo de persona que siempre tiene una respuesta a la mano. La vio tomar la taza con ambas manos, tomó un sorbo de café y miró a través de la ventana.

—¿Y eso, que quieres saber? —Musitó al fin.

—No sé, siempre me he preguntado por qué nunca volviste a tener novio...

—Hay muchas razones, la panadería no da mucho tiempo para salir a buscar novio, tú estabas muy pequeño... No sé, me imagino que nunca se presentó la oportunidad… ¿Te hubiera gustado tener un padre? —le preguntó y Nicklas pudo ver un dejo de melancolía en el rostro de su madre.

—Sí, bueno, no sé... —dijo él rascándome la cabeza. —Mamá yo no quiero que te pongas triste. Es solamente que a veces me pregunto por qué yo no tuve un papá como el resto de mis compañeros de escuela, pero también me preocupa que te vayas a quedar sola ahora que yo no estoy viviendo aquí.

—Nicklas estoy sola, pero no soy solitaria —dijo, sacudiéndose una pelusa de la manga de la camisa.

—¿No te hace falta la compañía de un hombre?

—Sí hijo, claro que me hace falta, pero los hombres solo sirven para *tirar*.

Nicklas alzó la mirada, sorprendido de oír a su mamá hablando de esa manera.

—¡Claro! A excepción tuya, hijo —se apuró a decir cuando le vio la expresión ofendida. —Lo digo por tu papá, que se desapareció cuando supo que yo estaba embarazada...

—¿Amargada?

—No, palabra de honor. —dijo ella poniéndose la mano sobre el pecho— Una cosa es que él no quisiera nada conmigo y otra cosa es que él no se interesara por ti. Eso es lo que nunca le voy a perdonar, y con respecto a otro novio, —agregó ella— mi papá murió cuando estaba pequeña, y mi mamá, desesperada por no quedarse sola, metió en la casa a un hombre que conoció poco después. Él me hacía plancharle las camisas y si no estaban perfectas, él desgraciado las arrugaba y me hacía plancharlas de nuevo. Para colmo, también me obligaba a llamarlo papá. Tu abuela presenció esos abusos y nunca hizo nada para defenderme. Yo no quería un extraño aquí en la casa que te viniera a dar órdenes, yo siempre quise que tuvieras una niñez segura y feliz y no me arrepiento. —dijo poniendo la taza sobre la mesa.

—Y lo lograste mamá, gracias. —dijo posando la mano sobre la de su madre.

—Volviendo Taraji... A ver, ¿por qué no la llamas? ¿No te parece que ya es tiempo de hacer las pases? —preguntó ella.

Los dos rieron.

DE ACUERDO CON los médicos, caí de unos veintidós metros de altura, me partí la pierna derecha, me fracturé la cadera, el codo y dos costillas, pero no hubo daño alguno en la columna. Ese pequeño milagro se debe a que aterricé de rodillas sobre unas bolsas llenas de cables que amortiguaron la caída.

Pasé veintisiete días hospitalizada, lo cual me dio tiempo suficiente para reflexionar acerca de las personas con quienes realmente cuento. Mis compañeros de clases mandaron flores, un poema y hasta grabaron un video que recibí en el teléfono móvil. Me reí lo que pude a juzgar por el dolor en los costados.

Simone por su parte, no ha llamado. Debe estar ocupada saqueando tiendas o distribuyendo frijoles. No la culpo, lo que pasó en el concierto fue mi responsabilidad y mi decisión. Nadie me presionó. Así como nadie me presionó a quedarme con ella en el centro comercial.

Nicklas no vino a visitarme después de lo que pasó en el concierto y no lo culpo. Debe estar enojado conmigo por lo que hice. Me imagino que es precio que debo pagar por asumir que él iba a perdonarme cualquier cosa, pero lo extraño a montones.

Ya empecé a usar muletas, aunque todavía voy a necesitar la silla para no sobrecargar la otra pierna.

Escuché que alguien se aproximaba por el pasillo. En esta ala del hospital no había tanta actividad como en la sección de trauma, donde estuve los primeros días después del accidente.

El Dr. Knudsen y mi mamá abrieron la puerta, seguidos de mi papá.

—¿Cómo estás? —preguntó el doctor sonriendo e instintivamente empujó los lentes hacia arriba, como si la nariz no era lo suficiente grande para sostener la montura. No pude evitar observar sus dedos gruesos y las uñas inmaculadas. Era un hombre alto y su voz de barítono llenó la habitación.

—Lista para irme, si usted me da permiso... —dije sonriendo.

—Sí, ya estás lista, pero tienes que empezar con cuidado. Recuerda tomar los sedantes y empezar la rehabilitación lo antes posible. —hizo una pausa— Tuviste mucha suerte esta vez y sin duda que la edad tuvo mucho que ver... Cuanto más rápido te pares de la silla, mejor.

El doctor miró alternativamente hacia mi mamá, mi papá y luego hacia mí.

—Nos vemos dentro de tres semanas, recuerda hacer la cita antes de irte. —Anunció.

El Dr. Knudsen me puso la mano en el hombro a manera de despedida, lo mismo hizo con mi mamá y un breve apretón de manos a mi papá y se dirigió hasta la puerta.

—No más drogas, —dijo con expresión grave y desapareció por el pasillo.

Bajé la cabeza sin contestar. La vergüenza me enrojeció las mejillas, ya no para con el Dr. Knudsen sino por mis padres y Nicklas. Al caer de la torre la noche del concierto también toqué fondo, ya era hora de empezar a escalar y enderezar mi vida...

—De verdad que me da mucha vergüenza con ustedes… —murmuré sin levantar la cabeza y sentí el calor de las lágrimas rodando. La verdad es que ya estaba cansada de hacerme la dura, la que no le importa nada.

Los dos me abrazaron.

—Nosotros no estamos bravos contigo, jovencita —dijo mi papá— a tu edad nosotros cometimos miles de errores.

—Tu papá tiene razón, Taraji —comentó mi mamá— ¿cómo vamos a estar bravos contigo? Nosotros te queremos —agregó mientras me acariciaba el cabello—. Vámonos de aquí, ¿te parece?

Mi mamá ofreció empujar la silla de ruedas y papá tomó el maletín con mis cosas y sostuvo la puerta para dejarnos pasar. En ese pequeño instante en que mi mamá me condujo de la habitación al pasillo, me di cuenta de que ambos habían envejecido. La sonrisa despreocupada de mi papá había desaparecido y sombras debajo de los ojos delataban las muchas noches sin dormir. A mi mamá le colgaba la ropa, tenía el cabello grasoso y unas ligeras grietas corrían a ambos lados de la boca.

«Es mi culpa, yo les robé la lozanía», —pensé y una colosal sensación de culpa me hizo cerrar los ojos por unos segundos.

Al final del pasillo, nos detuvimos en la estación de enfermeras para acordar la cita de control. Mi mamá se acercó a la enfermera, le dijo el propósito de nuestra visita mientras le entregaba mi tarjeta de seguro. La enfermera escaneó la tarjeta y no dio dos posibles fechas. Cualquiera hubiese sido perfecta, así que aceptamos la primera opción, luego tomamos hacia la izquierda a esperar por el ascensor.

Llegamos a la recepción y una corriente de aire fresco nos dio en la cara al pasar cerca de la puerta giratoria. Cinco taxis estaban a la espera de clientes cuando salimos.

Aparte de las instrucciones al chofer, no dijimos mucho durante todo el trayecto. El día estaba gris y una lluvia fina y persistente nos acompañó hasta *Farum*.

Mi papá pagó el viaje y con la ayuda del chofer bajaron la silla de ruedas y la pusieron a punto para que yo me sentase. Cuando el taxi se marchó, nosotros entramos a nuestro hogar.

Noté que la casa también había envejecido, la grama estaba recrecida, las cortinas a medio cerrar, el buzón abarrotado de periódicos sin leer sumado a la lluvia, que no cesaba, le daba al entorno un dejo lúgubre.

Los dos se miraron, como si de repente se hubiesen acordado de algo.

—Tara, se nos había olvidado, dijo Jacob...

Y de repente caí en la cuenta. Carson, no estaba ni estaría más, mi mamá me explicó que no sufrió, que amaneció en su cojín acurrucadito en el rincón. Se murió de viejo mi querido Carson. No le di la bienvenida porque él ya estaba en la familia cuando me trajeron de Soweto y no pude despedirme, ni darle las gracias por tantas horas felices. No lloré, pero el vacío fue enorme. Me levanté de la silla, y mi mamá me pasó las muletas y me fui saltando hasta mi habitación.

Mi mamá trató de retenerme, pero escuché a mi papá decirle que yo necesitaba estar sola. ¡Cuánta razón tenía!

Quise reencontrarme con cada rincón de la casa. Como pude, abrí puertas camino a mi habitación para atrapar de nuevo olores e imágenes. Todo estaba igual, la que había cambiado era yo.

Llegué a mi cuarto y al abrir la puerta encontré que el tiempo se había detenido. Todo estaba exactamente como lo había dejado. El montón de ropa sobre la cama, ya que estaba indecisa qué ponerme la noche del concierto. Los papeles que había sacado de mi bolso y que pensaba echar a la basura a mi regreso, todavía estaban sobre la mesita de noche. La portátil sobre el escritorio, la novela de Suzanne Collins al tope sobre otros libros apilados a la derecha, esperando que algún día los leyera.

El caos reinaba sobre mi cama. Arrimé todo a un lado y me dejé caer, usando el montón de ropa como cojín. Lloré por Carson, por el accidente, por el dolor que le había causado a mis padres y porque extrañaba a Nicklas.

Creo haber escuchado a mi mamá acercarse a la puerta, pero no entró. Después de unos minutos se alejó por el pasillo y yo, de tanto llorar me quedé dormida.

Febrero 2014

No estaba lista para terminar con Nick, así que después de cicatrizar y perdonar, él accedió a darme otra oportunidad.

No era oficial, pero estábamos juntos cada vez que podíamos.

—Nicklas, ¿y si me caigo? —le pregunté ajustándome los guantes de correr.

—Te recojo, —dijo él encogiéndose de hombros, mientras me ponía el chip en el zapato.— Esperamos a que todos salgan, así que nadie te va a pasar por encima. Son apenas diez kilómetros.

—Apenas —repetí con un destello de ironía, al ponerme la gorra.

La música sonaba por los parlantes y la mayoría de los corredores empezaron a calentar. Era la primera carrera de año y montones de nieve se apiñaban a los lados de las aceras.

A un lado, mi mamá y mi papá nos miraban sonriendo, los dos llevaban unas banderitas que agitaban cada vez que escuchaban salvas de aplausos.

Los miré desde donde estaba parada y una ola de agradecimiento me humedeció los ojos. Ellos me rescataron de una vida sin muchas oportunidades al otro lado del mundo, perdonaron todas mis transgresiones y estaban aquí apoyándome.

Lo más seguro era que yo no solamente sería la última en salir, sino que también sería la última en llegar a la meta. Para mis padres era como si yo hubiese ganado el maratón de las olimpiadas.

Se oyó el disparo y el reloj digital empezó a marcar el tiempo. La élite de corredores arrancó.

—Nicklas, creo que voy a poder llevarte el paso. —Le dije sin poder ocultar mi excitación.

—¿En serio? Me parece bien, ya que debes estar a punto para cuando volemos a Sudáfrica a buscar a tu familia. —me advirtió acariciándome la nariz.

—Sí, —dije sonriendo.

Una corriente de aire gélido sopló de pronto, y la nariz nos goteaba del frío. Alcé el brazo y saludé a mis padres y ellos agitaron las banderas.

Nicklas y yo trotamos para alcanzar a los otros corredores, tomados de la mano.

Glosario

ACNUR — Agencia de la ONU para los Refugiados.

Alijuuna — Extranjero.

Ambal — La flor nacional de Sri Lanka.

Amma — Mamá.

Anülü — Telar.

Appa — Papá.

Avarakkai kootu — Especialidad culinaria de Asia del Sur, que se puede comer con arroz y lleva calabaza, col, habas indias, especias recién molidas y coco.

Brinjals — Berenjenas.

Chandbalis —Aretes, zarcillos.

Chicha maya — Fiesta con la que se celebra el final del encierro.

Chirrinchi — Bebida alcohólica que se sirve en las celebraciones Wayuu.

Choli — Prenda de vestir que se usa para cubrir el pecho de la mujer como parte del sari.

Dharavi — Un distrito en Bombay, considerada la barriada más grande del mundo.

Ebi gyoza — Plato de la cocina japonesa que consiste en camarones rebosados, vegetales servidos con salsa picante y soya.

Ebi katsu — Plato de la cocina japonesa que consiste en camarones rebosados. Se sirve con picante, salsa de ajo, y se adorna con limón.

Epieyu — Clan de la etnia Wayuu representado por el cóndor. También se relaciona con la muerte.

Hagrid — Personaje de ficción de la serie Harry Potter, caracterizado por ser medio gigante, medio ser humano.

Encierro — Rito dentro de la etnia Wayuu que prepara a las jóvenes para el matrimonio.

Iyengar Brahmin — Casta Hindú de origen Tamil que se rige por la filosofía *Visishtadvaita*, promulgada por Sri Ramanujacharya.

Jaggery — Azúcar morena en barras o conos.

Jepira — De la etnia Wayuu. El cielo o el lugar donde los muertos descansan en paz.

Jeyutse — Flor de la verbena.

Juya — Lluvia.

Lutier — Persona que fabrica o repara instrumentos de cuerda.

Mareygua — Dios.

Melakaar — Los que tocan los tambores a la entrada de los templos - Sri Lanka.

Mulligatawny — Sopa de vegetales - Sri Lanka.

Piache — Curandero.

Pooja — (Hinduismo) ofrenda a las deidades.

Poorali — Guerrero.

Sari — Traje típico de la mujer en la India y otros países de Asia.

Sarong — Tejido que se usa para cubrirse el torso en Asia.

Senkeyuu — Gemelos.

Shalwar Kameez — Vestimenta tradicional en ciertas regiones de Asia. Está compuesta por unos pantalones anchos y una túnica.

Shiatapünaa — La mitad de una cosa.

Silmarillion — Colección narrativa de cinco partes, dentro del género de la fantasía, escrita por J.R.R. Tolkien.

Samosa — Especie de empanada en forma de triángulo, que se rellena con vegetales, pero también se puede preparar con todo tipo de carnes. Muy conocido en el Sur de Asia, especialmente en Pakistán y la India.

Tamarai — Flor de loto. Símbolo de pureza.

Tamby — Hermano menor.

Thaali — Collar nupcial.

Tostones — Plátano verde frito.

Tsunami — Dej japonés, ola gigantesca que se produce por un maremoto.

UEFA — Union of European Football Association.

Upma kozha kattai — Bolas de arroz al vapor.

Uriana — Clan de la etnia Wayuu representado por el jaguar.

Vibhuti — Cenizas sagradas.

Vazhaipoo usili — Plato de la cocina de Sri Lanka a base de lentejas, vegetales y curri.

Walekerü — De la etnia Wayuu, representa a la araña y el arte del tejido.

Warepo — Caracoles diminutos que los pescadores de la etnia Wayuu usan de carnada.

Yeye — El nombre de la muñeca de trapo de Yonna.

Yonna — Baile.

Yüütüwaa — Solitario.

Zapuana — Clan de la etnia Wayuu representado por el alcaraván. También anuncia la llegada de las lluvias.

www.ingramcontent.com/pod-product-compliance
Lightning Source LLC
Chambersburg PA
CBHW031314170626
16007CB00001B/420
9788799737963